TEDDY BÄREN

TEDDY BÄREN

ALLES WISSENWERTE ÜBER DAS SAMMELN UND RESTAURIEREN
ALTER UND NEUER TEDDYBÄREN

Margaret und Gerry Grey

KÖNEMANN

This book was designed and produced by
Quintet Publishing plc
6 Blundell Street
London N7 9BH

Original title: Teddy Bears

Creative Director: Richard Dewing
Designer: Ian Hunt
Project Editor: Katie Preston
Editor: Alison Leach
Photographer: Nick Bailey, Jeremy Thomas

Könemann Verlagsgesellschaft mbH
Bonner Str. 126, D-50968 Köln
Redaktion und Satz der deutschen Ausgabe:
TextCase, Groningen
Übersetzung aus dem Englischen: Inge Kahlix, Köln
Druck und Bindung: Sing Cheong Printing Co., Ltd.
Printed in Hong Kong
ISBN 3-89508-167-1

Für Mum, Dad und die ganze Familie und für unsere Teddybär-Freunde auf der ganzen Welt. Unser großer Dank gilt all denen in Vergangenheit, Gegenwart und Zukunft, die jemals über Teddybären schreiben oder einen Bären anfertigen wollten — ohne sie bräuchte es dieses Buch nicht zu geben. Und besonders für unseren Enkel Karl, der offenbar unsere Liebe zu Teddybären geerbt hat.

INHALT

EINFÜHRUNG 6

1 VOM SPIELZEUGBÄREN ZUM TEDDYBÄREN (1903–1918) 9

2 ZWISCHEN DEN KRIEGEN (1919–1939) 19

3 NEUBEGINN (1946–1960) 30

4 DIE EPOCHE DER LIMITIERTEN EDITIONEN 40

5 DIE ZEIT DER TEDDYBÄRENKÜNSTLER 54

6 WO UND WIE KAUFT MAN TEDDYBÄREN? 66

7 PFLEGE UND REPARATUR 73

8 NOCH MEHR ÜBER TEDDYBÄREN 77

REGISTER 79

DANKSAGUNG UND
QUELLENNACHWEIS 80

EINFÜHRUNG

Vor kaum fünfzehn Jahren trat ein begabter, wenn auch ziemlich unbekannter Schauspieler namens Peter Bull im britischen und amerikanischen Fernsehen auf und bekannte sich zu seiner Leidenschaft für Spielzeugbären. Damit war er der erste, der öffentlich zum Sammeln von Teddybären ermunterte. Kaum jemand wußte damals genau, was eigentlich arctophil bedeutet — verliebt in Teddybären —, erst recht nicht, was es heißt, diese Plüschtiere zu sammeln.

Die USA, damals und heute führende Teddybären-Nation der Welt, besaßen die nötige Triebkraft, dieses neue Phänomen bis in die achtziger Jahre hinein am Leben zu erhalten. Es vergingen noch einige Jahre, bevor es sich auf andere Teile der Welt ausbreitete. Mittlerweile gehören Teddybären überall zu den beliebtesten Sammlerobjekten. In den letzten Jahren sind die Preise für Bären jeder Art in die Höhe geschnellt; ihren bisherigen Gipfel erreichten sie auf einer Auktion im Jahr 1989 mit dem Verkauf von »Happy« zum Rekordpreis von 86 000 Dollar. Überflüssig zu sagen, daß alle Sammler darauf hoffen, eines Tages auf ihren eigenen »Happy« zu stoßen, dabei ist das Sammeln von Teddybären soviel mehr als nur eine gute Investition.

Immer ist versucht worden, dahinterzukommen, was die eigentliche Anziehungskraft eines Teddybären ausmacht.

LINKS **Links ein Bär von Gebrüder Bing aus dem Jahr 1911 und rechts ein »Hugmee« von Chiltern um 1930.**

OBEN **»Happy« — ein Steiff-Bär von 1926 — hier als Maskottchen auf der von den Autoren veranstaltetenTagung »Teddys of the World `93«.**

Das ist zwar eine reizvolle Herausforderung, unserer Meinung nach jedoch eine nutzlose und wahrscheinlich unlösbare Aufgabe. Wir halten »Happy« für den Inbegriff an Bärenschönheit und Persönlichkeit: Er verkörpert alles, was wir bei unseren eigenen Teddys suchen. Ein Blick in seine wunderschönen großen Augen, und schon ist es um einen geschehen! Liebe und Zärtlichkeit - genau diese Gefühle sollten Sie beim Anblick eines Bären empfinden, anstatt darüber nachzudenken, wieviel Geld er bringen könnte. Am besten sammeln Sie hauptsächlich die Teddybären, die Ihnen gefallen und weniger die, die Sie für wertvoll halten. Dann werden Sie nie enttäuscht werden. Für die meisten Menschen ist der »kostbarste« Bär immer noch der allererste Petz ihrer Sammlung, von Kindertagen an zärtlich geliebt und umhegt.

RECHTS **Zimtfarbener Steiff-Teddy mit Mittelnaht aus dem Jahr 1905, Größe 41 cm, mit hohem Sammlerwert.**

LINKS **Blauer früher (1930er Jahre) Kunstseidenplüsch-Bär von Chad Valley (40 cm). Man beachte das rote Fußetikett und die große Nase, beides typisch für diese Zeit.**

UNTEN **Zotty von Steiff, Größe 28 cm, war ein neues Bärenmodell der fünfziger Jahre, und der zimtfarbene Teddy aus Mohairplüsch ist ein gutes Beispiel für den Reiz, den Petze auf den Sammler ausüben.**

UNTEN **Dieser liebenswerte Bär von J. K. Farnell wurde Anfang der zwanziger Jahre hergestellt und mißt 46 cm. Er ist aus Mohairplüsch und mit Holzwolle gefüllt. Man beachte das charakteristische Farnell-Netzmuster der Tatzen.**

UNTEN **»Edelweiß« von Steiff aus dem Jahr 1909, Größe 41 cm. Auf dem Metallknopf im linken Ohr befindet sich die Inschrift »STEIFF«, wobei das »FF« unterstrichen ist.**

In diesem Buch wollen wir Ihnen exemplarisch einige Bären vorstellen, die Sie vielleicht gern in Ihrer Sammlung hätten, und Ihnen mehr über die erzählen, die Sie schon haben. Unabhängig von unserer Sammlung, möchten wir Ihnen einen repräsentativen Querschnitt von Bären vorstellen — dabei können wir allerdings unsere eigenen Vorlieben nicht verleugnen. Der Umfang dieses Buches erlaubt nicht, dem ganzen Spektrum an Bären gerecht zu werden, so haben wir uns im großen und ganzen auf solche konzentriert, die leicht erhältlich und deshalb auch erschwinglich sind. Allerdings stellen wir auch einige seltene Exemplare vor. Ob Sie nun »alte« Bären (vor 1960) mögen, zeitgenössische oder von Künstlern entworfene Teddybären, wir wünschen eine erfolgreiche Bärenjagd und viel Glück!

LINKS **Unikat von Barbara Conley um 1993, Größe 56 cm. Durch die Verwendung von traditionellen Materialien gelang es Barbara, die Charakteristik der allerersten Bären wiederzubeleben.**

RECHTS **Diese Bären-Unikate wurden 1991 für die Autoren hergestellt. Sie sind Ergebnis der Zusammenarbeit von zwei der weltbesten Teddybärenkünstler — Joan Woessner und Steve Schutt.**

DER VATER ALLER TEDDYBÄREN

Gegen Ende der siebziger Jahre veränderte Peter Bull (P. B.) grundlegend die Welt der Teddybären. Da er sich in aller Öffentlichkeit zu seiner Leidenschaft für Teddybären bekannte, ermutigte er viele andere dazu, offen zuzugeben, daß auch sie Teddybären lieben und Unmengen alter und neuer Exemplare zu Hause horten. P. B. war kein Sammler; aber seine Tür stand jedem obdachlosen Waisenbären offen. Seine Lieblinge waren wohl »Theodore«, »Delicatessen« und »Bully Bär«. Miss Euphemia Ladd war so fasziniert vom Auftritt »Theodores« im amerikanischen Fernsehen, daß sie anfragte, ob ihr alter Bär nicht bei »Theodore« leben dürfte. Dieser Bär erhielt den Namen »Delicatessen« und wurde später als »Aloysius« zum Star der Fernsehsendung *Wiedersehen mit Brideshead*. 1984 starb P. B., Träger des Verdienstkreuzes, im Alter von 72 Jahren an einem Herzinfarkt. Miterleben, wieviel Freude durch sein Engagement ausgelöst wurde, hätte ihn bestimmt sehr glücklich gemacht.

VOM SPIELZEUG-BÄREN ZUM TEDDYBÄREN (1903–1918)

KAPITEL

Die Anfänge des Teddybären reichen möglicherweise zurück bis ins Mittelalter. Schon immer ging von lebenden wilden Bären eine eigenartige Faszination aus. Doch überall in Europa mißbrauchten sogenannte zivilisierte Menschen jene armen und gequälten Kreaturen zum puren Vergnügen — als Tanzbären. Hunderte Jahre später fingen die Menschen des viktorianischen Zeitalters damit an, lebende Bären in Zoos zu halten — wieder zur Unterhaltung und auch zur Belehrung der Massen.

Gegen Ende des 19. Jahrhunderts wurde im Stuttgarter Zoo oft ein junger Mann aus Giengen an der Brenz gesehen — es war Richard Steiff, ein Neffe der bekannten Spielzeugherstellerin Margarete Steiff. Ihn interessierten alle Tiere, einen ganz besonderen Reiz übten jedoch die Bären auf ihn aus. Bereits seit fünf oder sechs Jahre stellte die Firma Steiff Spielzeugbären her, allerdings entsprachen diese eher dem Bild vom ausgewachsenen Bären und eigneten sich zudem kaum zum Spielen. Richard fertigte Zeichnungen von jungen Bären an, und diese dienten als Grundlage für den Steiff-Prototyp des ersten Spielzeugbären gegen Ende des Jahres 1902.

Dieser Bär gehörte zu einer Lieferung beweglicher Tiere mit Scheiben, d.h. flexiblen Gelenken, die zusammen mit einer Ladung Spielwaren Mitte Februar 1903 nach New York verschifft wurde. Mit der langen geschorenen Schnauze, sehr langen Armen, einem gedrungenen Körper, großen Füßen und dem charakteristischen Buckel ähnelt er im großen und ganzen einem lebenden Bären.

Man beachte die Zeitspanne vom Entwurf bis zur Produktion dieser neuen Modelle. Am 16. November 1902 erschien in der Washington Post Clifford Berrymans legendäre Karikatur von Präsident Theodore (Teddy) Roosevelt. Damals waren die Kommunikationsmöglichkeiten noch sehr begrenzt, deshalb bezweifeln wir, daß — wie oft behauptet wird — diese Karikatur Richard Steiff irgendwie beeinflußt haben könnte.

Hingegen ist es durchaus denkbar, wenn auch nicht bewiesen, daß jene Karikatur die Idee lieferte für die ersten in Amerika hergestellten Spielzeugbären der russischen Einwanderer Morris und Rose Michtom, die einen Spielzeug- und Schreibwarenladen in Brooklyn in New York betrieben.

LINKS **Die Titelseite des *Sketch* aus dem Jahr 1908 zeigt einen Teddybären bei der Wahlkundgebung für den Präsidentschaftskandidaten Taft in Chicago. Die Bildunterschrift lautet: »Teddybären in der Politik: Nichts als Krawall.«**

In der Folgezeit – wahrscheinlich etwas später im Jahr 1903 – wurden die Spielzeugbären der Michtoms vom Großhandelshaus Butler Brothers aufgekauft und überall in den Staaten vertrieben. Es braucht seine Zeit, ein qualitativ hochwertiges Spielzeug zu entwerfen, zu entwickeln, eine bestimmte Menge davon zu produzieren und nach Übersee auszuführen. So ist es ziemlich wahrscheinlich, daß der Steiff-Spielzeugbär tatsächlich der allererste Teddybär der Welt war! Und doch können auch die Michtoms, Begründer der Ideal Novelty and Toy Co., mit Recht zu den Pionieren der Original-Teddybären gezählt werden. Es war schon ein unglaublicher Zufall, daß im März 1903 auf der Leipziger Spielzeugmesse Herman Berg von der weltberühmten amerikanischen Spielwarenimportfirma George Borgfeldt in letzter Minute dreitausend Steiff-Bären bestellte, für die sich sonst niemand interessiert hatte.

Während der Steiff-Bär einem lebendigen Bären sehr ähnlich sieht, erinnert das Modell von Ideal mehr an das Bärenjunge in der Karikatur von Berryman und kommt deshalb dem Teddybären näher, wie wir ihn kennen. Clifford Berryman zeichnete noch viele Cartoons, die sich um Präsident Roosevelt drehten; und vielleicht gaben diese den Ausschlag für die Prägung des Begriffs »Teddybär«, wie wir ihn heute verwenden.

In jenen frühen Jahren entwickelten beide Firmen ihre eigenen Modelle, es dauerte jedoch nicht lange, bis sich Steiff zum führenden Hersteller der Welt emporgearbeitet hatte. Dazu trugen sowohl größere Erfahrung bei Spielzeugentwurf und -herstellung bei, als auch Richards phantasievolle Ideen für Bären von großer Vielfalt und hochwertiger Qualität. Hingegen scheinen sich die Bären von Ideal seit ihrem ersten Entwurf kaum verändert zu haben.

Der erste Bär von Steiff aus dem Jahr 1903 wurde als 55PB geführt, später, zu Beginn des Jahres 1904, folgte der 35PB. Beide hatten Scheibengelenke, die mit einem starken Zwirnsfaden zusammengehalten wurden. Leider erwiesen sich diese als ziemlich unpraktisch und gingen so schnell kaputt, daß Steiff kurz darauf zu Gelenken mit doppeltem Draht überging, die wiederum zu gefährlich waren.

Das führte schnell zur Entwicklung jener Bären, bei denen ein Metallstab durch den Oberkörper lief, an dem die Arme befestigt wurden. Ein vertikaler T-Stab verband diesen mit dem Kopf, an einem weiteren Stab waren die Beine befestigt. Der Kopf wurde von oben gestopft, und um dies zu erleichtern, brachte man eine horizontale Naht von einem Ohr zum anderen an. Dieser Bär wird in der Regel als der 28PB bezeichnet.

Leider ließ sich dieser Bär nur schwer bewegen, und sein großer, runder Körper war für Kinder wenig ansprechend. Nur ein Jahr später (1905) wurde deshalb das Modell *Bärli* in der Gruppe der PAB Bären (PAB bedeutet Plüsch, Anscheibung und beweglich) entwickelt. Deren großer Vorzug bestand darin, daß sie mit einer Füllung aus Holzwolle und Kapok weicher und folglich viel kuscheliger waren als ihre Vorgänger. Und die Bären waren entschieden attraktiver für Kinder!

LINKS **»Charlemagne« von Ideal, um 1903/1904, Größe 51 cm. Qualität und Stil konnte Ideal nur ungefähr fünf Jahre beibehalten.**

RECHTS **»Christian Gabriel« von Steiff um 1903/1904, Größe 38 cm. Dieser Teddy mit Metallstab gehört zu den begehrtesten der frühen Steiff-Bären, besonders mit Originalnase aus Siegellack.**

Das bedeutete den großen Durchbruch und die Wende zum Erfolg für die Firma Steiff, war es doch in den ersten Jahren sehr schwierig gewesen, Käufer für ihre Bären zu finden. Vermutlich ist der PAB35 der erste einer Reihe von Teddybären, die in sieben Größen herauskamen, von 17 cm bis zu 80 cm. Dieser Bär hatte weniger Gewicht, sein gegliederter Körper mit konventionellen Doppelscheibengelenken und Metallstab war leichter zu bewegen, und er hielt länger. (Übrigens mißt man diese Bären immer in sitzender Haltung bis Scheitelhöhe.)

Ungefähr zur selben Zeit produzierte Richard Steiff außerdem den heute berühmten Prototyp — einen kleinen grauen Bären mit der Bezeichnung Modell 5322 (5 = beweglich, 3 = Mohairplüsch und 22 = Größe 33 cm). Den Archiven der Firma Steiff zufolge wurden von diesen Bären nur zwei hergestellt, vielleicht noch ein paar andere als Muster. Zweifellos ist er einer der seltensten Spielzeugbären und möglicherweise der wertvollste Teddy der Welt. Ein Exemplar befindet sich im Steiff-Museum.

Franz Steiff, ein anderer Neffe von Margarete, hatte im Jahr davor eine Schutzmarke eingeführt, den »Knopf im Ohr«, ein Warenzeichen, das bis heute in Gebrauch ist. Zuerst war es der Knopf mit dem Elefanten, ihm folgte später im selben Jahr (1904) ein blanker Knopf (nicht zu verwechseln mit dem blanken blauen Knopf, der kurze Zeit zwischen 1948 und 1950 verwandt wurde). Im Mai 1905, als Steiff schließlich das unverwechselbare Warenzeichen eintragen ließ, wurde dieser durch einen Knopf mit der Prägung STEIFF ersetzt.

LINKS **Der flache vernickelte Steiff-Knopf mit dem Elefanten gilt als das erste nicht registrierte Warenzeichen »Knopf im Ohr«. Ihm folgte ein blanker Knopf und dann im Jahr 1905 ein Knopf mit der Prägung »STEIFF«.**

Über die genaue Datierung der Knöpfe gibt es unterschiedliche Meinungen — die meisten Experten heute teilen unsere Ansicht, andere aber glauben, die blanken Knöpfe seien die ersten gewesen.

Möglicherweise wurden beide zur selben Zeit verwandt. Es ist jedoch naheliegend, daß der Elefantenknopf der erste war, da ein Elefant das damalige Steiff-Logo darstellte. Es wäre allerdings auch logisch, daß der blanke Knopf als erster eingesetzt wurde, ganz einfach, weil er leichter herzustellen war. In den USA wurde im Jahr 1906 die Bezeichnung »Teddy« eingeführt. Hiermit war der Weltbürger »Teddybär« offiziell getauft.

In der Zwischenzeit entstanden überall in den Vereinigten Staaten Teddybär-Fabriken (besonders im Umkreis von New York). Erfahrung und Geschick der emigrierten Arbeiter aus europäischen Spielzeugmanufakturen, die in Scharen ins Land kamen, trugen das Ihrige zu dieser Entwicklung bei. Trotz Beteuerung der amerikanischen Hersteller, ihre Teddys seien qualitativ den Steiff-Bären durchaus ebenbürtig, war dies ganz

LINKS **Dieser PAB43 (rechts) aus dem Jahr 1905 ist hier zusammen mit einer modernen Replik eines PAB35 abgebildet. Das Original bedeutete für Steiff den Durchbruch zum Erfolg.**

RECHTS **»Still Hope« von Aetna um 1907/1908 — wahrscheinlich der beste amerikanische Bärenproduzent der ersten Jahre, wie dieses nette Exemplar beweist.**

und gar nicht der Fall! Allerdings verdanken wir diesen erfindungsreichen amerikanischen Firmen Teddybären, die pfeifen oder musizieren konnten, und natürlich auch den großartigen Teddy mit batteriebetriebenen Leuchtaugen — um nur einige der verblüffenden neuen Eigenschaften zu nennen. Dieser Hang zum Außergewöhnlichen blieb nicht ohne Einfluß auf die Hersteller in anderen Ländern.

In Großbritannien begann die Teddybärenproduktion erst im Jahr 1908 mit J. K. Farnell. Leider ließen sich die Briten nicht gleich von ihren Bären begeistern, und Farnell mußte fast die gesamte Produktion in die USA, Südafrika und sogar nach Deutschland exportieren! Ob in dieser Zeit noch andere britische Hersteller auf dem Markt waren, ist nicht zuverlässig nachweisbar, und die konkrete Identifikation eines Bären dürfte schwierig sein.

Der Welthandel mit Teddybären erreichte im Jahr 1907 seinen Höhepunkt, als allein die Firma Steiff knapp eine Million Teddybären produzierte. Einige der aus dem Boden schießenden Firmen stellten lediglich Imitationen von Steiff-Bären her; es gab jedoch auch Innovatoren wie zum Beispiel die Gebrüder Bing. Sie entwickelten als erste den eingebauten Federzug-Mechanismus (1908—1910). So ausgestattet konnten die Bären Rollschuh laufen, Kunststücke vorführen, Purzelbäume schlagen und sogar Fußball spielen.

Dem Aufschwung folgte kurz darauf eine Krise, die etliche Hersteller in Deutschland und den USA über Nacht dazu zwang, den Handel einzustellen.

Einige neue Firmen tauchten auf, zum Beispiel Schuco (Schreyer und Co.) und die Gebrüder Hermann KG. Nach Kriegsausbruch im Jahr 1914 waren deutsche Waren in Großbritannien verboten, und das plötzliche Ende der Konkurrenz ermutigte britische Firmen, die eigene Teddybärenproduktion auszuweiten. Viele kopierten anfangs die Steiff-Produkte, hatten kurze Zeit später jedoch so viel Erfahrung und handwerkliches Geschick erworben, daß sie mit der Herstellung eigener Entwürfe von guter Qualität beginnen konnten.

LINKS **»Sergeant Culver«, um 1907/1908, Größe 51,5 cm. Der Hersteller dieses prächtigen Burschen ist unbekannt.**

UNTEN **Wunderschöner zimtfarbener Steiff-Bär, Größe 40 cm. Er wurde um 1907/1908 auf der Höhe der ersten Steiff-Erfolge hergestellt.**

RECHTS **Ein Teddy mit leuchtenden Augen von Stuffed Toy Co., um 1907, Größe 43 cm.**

Wichtige Notizen für Sammler: Die Zeit von 1903—1918

Teddybären aus den Pioniertagen bedeuten für den ernsthaften Sammler wohl die größte, aber auch teuerste Herausforderung. Glücklicherweise haben viele qualitativ hochwertige Teddybären überlebt, einfach wunderbare und liebenswerte Geschöpfe! (Beachten Sie: Die Daten beziehen sich auf das erste Produktionsjahr.)

USA

Aetna Toy Animal Co. (1906)

▮ Achten Sie auf das ovale Warenzeichen »AETNA« in Druckbuchstaben, gewöhnlich ist es auf die Mitte der rechten Fußsohle gestempelt, oft kaum noch sichtbar.

▮ Es sind wunderschöne Teddybären mit hübschen, ansprechenden Gesichtern; sie repräsentieren die besten amerikanischen Teddybären dieser Epoche.

▮ Da die Firma nur an die zwei Jahre existierte, sind sie selten und äußerst schwer aufzuspüren, daher von hohem Sammlerwert.

UNTEN **Ein Teddybär von Bruin Manufacturing Co., um 1907/08, Größe 32 cm. Viele amerikanische Firmen hielten sich nur ein paar Jahre, aus diesem Grund sind ihre Bären noch begehrter.**

Bruin Manufacturing Co. (1907)

▮ Achten Sie auf das gewebte dunkle Etikett mit der Inschrift B.M.C. in Goldbuchstaben, es ist quer über die Mitte der rechten Fußsohle genäht. Die Bären haben weit auseinanderstehende Ohren und ziemlich dreieckige Köpfe.

▮ Diese Teddys sind von hohem Sammelwert, da die Firma nur ungefähr von 1907 bis 1909 bestand.

Harman Manufacturing Co. (1907)

▮ Das Äußere gleicht den Ideal-Bären, daher könnte die Identifizierung schwierig sein. Es lohnt sich, nach dem eher ungewöhnlichen Modell des »Teddy Shoppers« (Handtaschenformat) aus weißem oder zimtfarbenem Mohairplüsch zu suchen, den es in drei Größen (25 cm, 30 cm und 40 cm) gab.

Hecla Bear Co. (1907)

Diese reizvollen Bären sind wegen ihrer großen Ähnlichkeit mit den Steiff-Bären aus derselben Zeit besonders schwer zu identifizieren. Allerdings zeigen sie ein anderes Standbild, und die weit auseinanderstehenden Ohren sind eher typisch für amerikanische Teddys.

▮ Für Mund und Nase gebrauchte man gewöhnlich rostfarbenes Garn.

Ideal Toy and Novelty Co. (1903)

Erster amerikanischer Teddybären-Hersteller. Ganz frühe Exemplare sind sehr selten und schwer zu identifizieren. Das Gesamtbild der Ideal-Bären ist jedoch charakteristisch; sie sind sehr reizvoll und es lohnt sich sie zu sammeln.

▮ Leider scheint die Firma lange Zeit einander ähnliche Entwürfe produziert zu haben; das schmälert den Sammlerwert.

▮ Guterhaltene Teddybären aus dieser Zeit sollten nicht allzu schwer zu finden und — verglichen mit deutschen Bären desselben Genres — nicht allzu teuer sein.

▮ Achten Sie besonders auf den 15 cm großen Bären mit Kulleraugen, der um 1904 in Anlehnung an die Karikatur von Clifford Berryman hergestellt wurde (angeblich wurden solche Bären während der Wahlkampagne für Theodore Roosevelt verschenkt). Ein größerer Bär (30 cm) wurde bis ca. 1912 produziert und ist nicht so wertvoll.

RECHTS **Dieser Bär, um 1908, Größe 40 cm, markierte das Ende einer Ära der Firma Ideal — Amerikas führender Teddybärenproduzent: In den folgenden Jahren veränderte sich die Qualität drastisch.**

Weitere amerikanische Hersteller

American Doll & Toy Manufacturing Co. (1907) Die Firma produzierte elektrische Teddybären mit leuchtenden Augen sowie den gefeierten »White House«-Teddy mit Brummstimme, Halsband und Glöckchen, bis auf die flacheren Fußsohlen dem Steiff-Bären sehr ähnlich. Das Unternehmen behauptete, seine Bären seien als einzige den importierten Teddys (Steiff) ebenbürtig. Vertrieb über Baker und Gigler Co.

Columbia Teddy Bear

Manufacturing (1907) Erfinder des »Lachenden Roosevelt Bären«.

Dreamland Doll Company (1907)
Hersteller eines auf den Kopf gestellten Spielzeugs — vom Rock an halb Bär, halb Puppe. Selten und schwer zu finden.

B. Epstein (1907) Von dieser Firma ist außer der Werbung für ihre Bären im Jahr 1907 (in *Playthings*) wenig bekannt.

Fast Black Shirt Co. (1907)
Hersteller von elektrischen Teddybären mit leuchtenden Augen.

Mrs. G. C. Gillispie (1907)
Produzierte einen patentierten purzelbaumschlagenden Teddybären.

Gund Manufacturing Co. (1906)
Soll eine kleine Serie von Teddybären angefertigt haben; diese konnten jedoch bis jetzt nicht identifiziert werden.

OBEN **Ein »Lachender Roosevelt«-Teddy von Columbia Teddy Bear Manufacturers, um 1907, Größe 43 cm. Durch Drücken auf den Bauch bewegt sich der Mund.**

Hahn und Amberg (1907)
Warben für ihre Teddybär-Puppen.

Millar Manufacturing Co. (1906)
Stellte in Anzeigen im Jahr 1907 den »antiseptischen Bären für größtmögliche Reinlichkeit« vor, in Zimt, Weiß und weiteren Farben.

Rouech-Bowden (1907)
Eine Firma aus Chicago, die ihre Entwürfe an Steiff-Bären orientierte.

Strauss Manufacturing Co. (1907)
Fertigte wunderbare musikalische und pfeifende Teddybären.

Uncle Remus Stuffed Toys (1907)
Vertrieb über A. S. Ferguson & Company. Uncle Remus stellte Bären mit einer speziellen patentierten Methode zur Befestigung der Augen her, die ein »gleichbleibendes Aussehen« garantieren sollte. Möglicherweise diente Charles Sackmans Erfinderpatent 844.619 vom November 1908 als Grundlage.

Whiteson Company (1907)
Warb in Anzeigen mit »niedrigsten Preisen, größtem Format und bester Handwerkskunst«; ansonsten ist über dieses Unternehmen nichts bekannt.

Grosshandelsfirmen für Teddybären in den USA

Von Bedeutung sind einflußreiche Großhändler bzw. Importeure aus dieser Zeit, die für die Verbreitung des Teddybären überall in den Staaten sorgten. Viele motivierten die Hersteller zur Produktion und Lieferung von Teddybären, von denen einige dann vielleicht unter ihrem eigenen Namen vermarktet wurden.

George Borgfeldt & Company war die bedeutendste Großhandelsfirma; ihr ist der folgenschwere Einkauf der ersten 3000 Teddybären der Firma Steiff auf der Leipziger Spielwarenmesse im Jahr 1903 zu verdanken. Wäre dies nicht geschehen, hätten wir vielleicht niemals eine Teddybärmanie erlebt!

Butler Bros. übernahm später Vermarktung und Vertrieb der ersten Ideal Toy and Novelty Co.-Teddybären.
Ab 1908 vertrieb diese Firma außerdem eine Palette von Steiff-Bären.

Strobel & Wilken Co. sind als Großhändler für Bruin Man. Co. erwähnenswert.

E. L. Horsman & Company vertrieb Hecla und Aetna-Bären (s. Seite 13). Horsman & Co. gebrauchte im Dezember 1906 in einer Anzeige im amerikanischen Handelsmagazin *Plaything* erstmalig die Bezeichnung »Teddy«.

Grossbritannien

Atlas Manufacturing Co. (1914)

Ein Hersteller, der von Sportartikeln auf Teddybären umgestiegen ist.

Im Jahr 1916 schrieb *The Toy and Fancy Good Trader* über eine Atlas-Produktion von 30 verschiedenen Teddybären, Größe 22 cm bis 2,15 m; in den Farben Gold, Weiß oder Hellbraun mit Quiekser, Glöckchen und Rassel.

Wie bei vielen frühen britischen Firmen gibt es kaum sichere Hinweise zur Identifizierung, aber unseres Wissens ähnelten die Bärenkörper denen der deutschen Produktion, die Pfoten waren jedoch sehr groß und rund. Die Bären besaßen ein kleines flaches Gesicht, weit auseinanderstehende Ohren und eine höchstwahrscheinlich senkrecht gestickte Nase, unter der sich der Mund wie ein umgekehrtes Y unmittelbar anschloß.

Bassett Lowke (1910)

Diese Firma war wohlbekannt für die Herstellung von Blechspielzeug, besonders Eisenbahnen; sie soll aber auch Teddybären angefertigt haben.

Das große deutsche Unternehmen Gebrüder Bing, das für Bassett Lowke auch Lokomotiven herstellte, hatte Bären in sein Programm aufgenommen, deshalb ist es möglich, daß BL nachzog. Genauso ist vorstellbar, daß es sich hierbei um Bären von Bing handelte. Leider fand man bisher weder Unterlagen noch Exemplare, deshalb werden wir es wohl nie genau wissen.

Chad Valley Co. Ltd. (1914)

Chad Valley gehörte zu den erfolgreichsten Spielwarenproduzenten in Großbritannien.

In einem rückblickenden Leitartikel im *Toy and Fancy Goods Trader* vom August 1922 steht, daß Chad Valley mit der ersten Teddybärenproduktion schon Anfang 1914 begann, also noch vor Kriegsausbruch.

Zu schade, daß sonst kein Beweis über das Erscheinen dieses allerersten Bären existiert, wir vermuten jedoch, daß er ähnlich wie die Teddybären aussah, die Anfang der zwanziger Jahre hergestellt wurden — natürlich ohne den frühen »Chad Valley«- oder »Aerolite«-Knopf, der erst ab 1923 als Markenzeichen geführt wurde.

Deans Rag Book Co. Ltd. (1915)

Einer der ältesten Spielzeugfabrikanten Großbritanniens, der bereits im Jahr 1908 die berühmten Teddybär-Schnittmuster aus bedrucktem Baumwollstoff auf den Markt brachte. Zur Produktion des ersten eigenen Teddybären entschloß sich die Firma Dean anscheinend erst um 1915.

Bis jetzt sind keine zuverlässigen Details über diese Bären bekannt.

J. K. Farnell (1908)

Es gibt nicht genügend sichere Merkmale, um der ersten von Farnell hergestellten Bären zuverlässig zu bestimmen.

Trotz des ausgezeichneten Rufes der Firma Farnell fanden die Teddys auf dem heimischen Markt keinen Anklang, so daß die Gesellschaft ihre Produkte zum größten Teil exportierte. Daher könnte man die ersten Exemplare eher in den USA als in Großbritannien aufspüren.

Im Augenblick können wir nur spekulieren, aber bisher gibt es kein Exemplar eines Farnell-Bären aus der Zeit vor 1920.

Vermutlich haben diese Teddybären etwas Ähnlichkeit mit den bekannteren Alpha-Bären, die seit Beginn der zwanziger Jahre hergestellt wurden, aber auch das können wir nicht beweisen.

Harwin & Company (1915)

Die Bären dieses Herstellers waren den Steiff-Produkten sehr ähnlich — der Verkaufsleiter Mr. F. Taylor war jahrelang Vertreter der Firma Steiff!

Harwin ist bekannt für das »Ally«-Bärenprogramm aus dem Jahr 1916 — Teddys in britischer, schottischer oder russischer Uniform, Soldaten, Matrosen und Krankenschwestern.

Man stellte auch Mädchen- und Jungenteddys her sowie im Jahr 1917 einen Bären im Pyjama.

Einen solchen Bären zu finden ist äußerst schwierig, besonders guterhalten und originalgekleidet. Er gehört zu den teuersten britischen Bären aus dieser Zeitspanne.

Leon Rees & Co. (1915)

Im Jahr 1915 produzierte L. Rees & Co. in der Chiltern Spielzeugfabrik den Original-Chiltern Bären — den »Master Teddy«.

Dieser drollige, gedrungene kleine Petz mit dem großen Kopf besaß Kulleraugen und trug ein rosa-weiß gestreiftes Hemd mit großem Kragen und Fliege sowie eine blaue Hose mit hohem Bund und einem Flicken. Er hat eine kleine rote Zunge.

UNTEN Das ist der früheste »Master Teddy« und als erster Chiltern-Bär, um 1915, natürlich sehr selten. Größe 25,5 cm.

▌Anscheinend war er in fünf verschiedenen Größen erhältlich. Es gibt ihn noch, wenn auch selten.
▌In den ersten Anzeigen (1915) wird er mit dem Flicken auf dem linken Bein beschrieben und ohne Etikett auf der Brust; wir sahen jedoch Bären mit einem Flicken auf dem rechten Bein und einem Etikett auf der Brust mit der Inschrift »US patent applied for« (als US-Patent angemeldet). Vermutlich wurden diese ein oder zwei Jahre später hergestellt.

W. J. Terry (1913)
Diese Firma gebrauchte den Handelsnamen »Terryer Toys«.
▌Anstatt sich wie so viele andere mit Kopien deutscher Hersteller zu begnügen, begann sie mit der Entwicklung eines typisch britischen Teddybären.

▌Nach den ersten Anzeigen zu urteilen, hatten die Bären funkelnde Augen, große runde Köpfe und ziemlich große Ohren.
▌Eine Identifikation ist schwierig.

Weitere britische Hersteller

Thomas Baxter (1915) Produzierte elektrischen Teddybären mit leuchtenden Augen.

The British United Toy Manufacturing Co. (1914)
Deren Kuscheltiere, darunter auch Bären, trugen den Produktnamen »OMEGA«; ein Spielzeugbär auf einem Metallrahmen mit Holzrädern (ähnlich der Record-Serie von Steiff) den Namen »CAMWHEEL«.

Cray and Nicholls (1916) Soll Berichten zufolge zu dieser Zeit Bären hergestellt haben, es gibt aber keine Unterlagen.

East London Toy Factory (1915) Verwandte das Markenzeichen »EALON« für ihr Kuscheltierprogramm. Exemplare dieser frühen Bären sind noch nicht identifiziert.

Gottschalk and Davis (1915) Besondere Kennzeichen: hochangesetzte Ohren, sehr ernstes Gesicht, weit oben an den Schultern befestigte Arme.

Hawksley & Co. (Liverpool) Ltd. (1916)
Produzierte hauptsächlich Bären auf Rädern, in Aussehen und Qualität den Steiff-Bären ähnlich.

Imperial Toy Co. (1916) Berichten zufolge in jenen Tagen Hersteller von Teddybären, es gibt jedoch keine Unterlagen.

Isaacs (1915) Benutzte die Handelsbezeichnung »ISA« (wurde später von Chad Valley Co. Ltd. übernommen).

Teddybären-Grosshändler in Grossbritannien

In den frühen bedeutenden Bären-Jahren gab es in Großbritannien zwei Hauptimporteure und Großhändler.

Josef Eisenmann oder »Jo«, wie man ihn überall nannte, galt als der »König des Spielwarenhandels« von Großbritannien. Eisenmann & Co. waren Spielzeug-Importeure und Großhändler, speziell für Produkte aus Deutschland, aber es war Jo, der J. K. Farnell anregte, doch selbst Teddybären herzustellen, um die Flut der Steiff-Teddybären einzudämmen. Jo war außerdem der Schwiegervater von Leon Rees, der 1920 zusammen mit Harry G. Stone die berühmte »Chiltern«-Serie produzierte.

Ab 1899 bis zum Ausbruch des Ersten Weltkriegs im Jahr 1914 war **Herbert E. Hughes** nach Großbritannien einziger Importeur der Steiff-Produkte. Die Ciesliks berichten in ihrem Buch »Knopf im Ohr« von der engen Beziehung zwischen Otto Steiff und Herbert. Hughes Hauptkunden in England waren Harrods, Hamleys, Gamages und nicht zuletzt Josef Eisenmann. Durch diese Verbindungen besaß Herbert mit Sicherheit ein detailliertes Insider-Wissen über die Firma Steiff und die deutsche Spielzeugindustrie. Im Jahr 1908 importierte er allein für Großbritannien an die 40 000 Steiff-Teddybären. Nach Ausbruch des Ersten Weltkriegs beendete Hughes seine Geschäftsverbindung mit Steiff.

LINKS **»King Arthur« von Steiff, um 1905, Größe 73 cm. Diese wundervollen Bären aus silberweißem Mohairplüsch sind ausgesprochen gefragt.**

W. H. Jones (1916) Bären mit rundem Torso und großem Kopf, weit auseinanderstehenden Ohren, langen Armen mit nach oben gerichteten Handflächen, darunter unförmige, stelzenartige Beine, die in Klumpfüßen enden. Die Nase wirkt wie Fledermausflügel; mit großer senkrechter Außenstickerei.

Ross Toy Works (1916) Benutzte auch den Markennamen »HERCULES«, daher vermuten wir, daß die Firma mit der Wholesale Toy Co. assoziiert war.

South Wales Toy Manufacturing Co. (1917) Gebrauchte die Handelsbezeichnung »Madingland«. Die Bären erkennt man an den großen, eng beieinanderstehenden Ohren hoch oben auf dem Kopf, der großen Nase und dem langgezogenen Mund, sie schauen ziemlich mürrisch drein. Körper und Arme sind wohlproportioniert, charakteristisch sind die hochgestellten, kreisrund geformten Füße mit sehr dick ausgepolsterten, flachen Sohlen.

Steevans Musical Toys (1918) Produzent von musikalischen Bären mit Glockenspiel, sonst ist bis heute wenig bekannt.

Teddy Toy Company (1916) Nahm erst in den zwanziger Jahren das Markenzeichen »Softanlite« an und behauptete, ihre Bären seien schön und weich, blieben immer in Form, und die Gelenke würden sich nie lockern. Ihre ersten Bären konnten nicht identifiziert werden.

Wholesale Toy Company (1915) Vertrieb ihre Kuscheltiere unter dem Markennamen »Hercules«, darunter auch Teddybären und Tiere auf Rädern.

Worthing Toy Factory (1915) Bekannt als Hersteller von Teddybären mit dem Markenzeichen »Humpty Dumpty Toys«.

Wrekin Toy Company (1916) Wurde von Chad Valley Co. Ltd. übernommen.

A. Young & Son (1915) Gebrauchte das Markenzeichen »Jumbo Toys«.

Deutschland

Gebrüder Bing (1908)
Dieses Unternehmen stellte vielgefragte Bären her, die sogar noch sehr viel seltener sind als die Steiff-Produkte jener Zeit. Seien Sie auf hohe Preise gefaßt, besonders für guterhaltene Teddys.

▮ Ein Logo in Form eines Metallpfeils im rechten Ohr der Bären kennzeichnet die Produktion aus den Jahren 1908 bis ca. 1910.

▮ Ein silberner oder orangefarbener Metallknopf unter dem rechten Arm am Körper des Teddys mit der Gravur »GBN« weist auf die Zeit zwischen 1910 und 1919 hin.

▮ Ein früher Teddybär von Bing ist das Prachtstück jeder Sammlung, besonders, wenn sein Mohairplüsch nicht wie üblich hell- oder dunkelbraun, sondern in einem ungewöhnlichen Ton gefärbt ist.

RECHTS **Dieser begehrte Bing-Bär, um 1910, Größe 40 cm, trägt noch den Original-Silberknopf unter dem linken Arm.**

OBEN **Der Bing-Teddy, um 1911/1912, mißt 68 cm und beweist, daß Bären mit langer Schnauze früher hergestellt wurden, als man zuerst glaubte.**

RECHTS **Dieser Bing-Teddybär, Größe 34 cm, von ca. 1910 trägt einen orangefarbenen Knopf an der linken Körperseite.**

Gebrüder Hermann (1911)
Es gibt keine Unterlagen über die frühen Bären dieses Unternehmens, deshalb ist es außerordentlich schwierig, einen Teddy aus dieser Zeit zuverlässig zu bestimmen. Die ersten Etiketten der Firma Hermann von ca. 1911 bis 1929 waren rosettenförmig mit der Aufschrift BEHA (BErnhard HErmann). Sollten Sie einen frühen Hermann-Teddy finden, wäre das eine Sensation!

Margarete Steiff (1903)
Zweifellos war das Unternehmen führender Hersteller der Welt. Obwohl seine Bären hohen Sammlerwert haben, sind sie mit Sicherheit außerordentlich schwer zu finden und sehr teuer. Ein typisches Beispiel ist der frühe Teddy mit Metallstab aus dem Jahr 1904.

- Sie wären schon ein Glückspilz, sollten Sie jemals auf einen 55PB, den ersten Spielzeugbären von Steiff, oder auf einen grauen Teddybären von Richard Steiff stoßen.
- Alle ersten, weich gestopften PAB-Bären kosten ein Vermögen.
- Schwarze Teddybären (um 1910 bis 1912 nur in begrenzter Anzahl angefertigt), der Bär mit Wärmflasche im Bauch (nur 90 Stück wurden zwischen 1907 und 1914 hergestellt) oder Teddys mit ungewöhnlicher Farbe gehören ebenfalls zu den wertvollen Entdeckungen.
- Bären mit Mittelnaht (1904—1906) haben wunderschöne Gesichter und sind hochgeschätzt, aber auch teuer und rar.
- Achten Sie auf die eher seltenen Farben (Weiß und Zimt) und auf einen Bären mit dem Originalknopf im linken Ohr, aber vergessen Sie nicht, daß diese Plüschtiere auch zum Höchstpreis gehandelt werden.

Weitere deutsche Hersteller
Teddybären der folgenden Firmen sind sehr schwer zu identifizieren. Da es zahlreiche Hersteller von Plüschtieren sowie eine blühende Heimindustrie gab, ist ziemlich sicher, daß zumindest einige Produzenten auch Teddys herstellten.

E. Dehler (1910—1911)
Einzelheiten sind nicht bekannt.

Fleischmann & Bloedel (um 1914)
Benutzte den Handelsnamen »MICHU«.

Carl Harmus Jr. (1909) Ließ den Entwurf für einen Bären mit Puppe registrieren.

Johann Hermann (1907) (Nachfolger Max Hermann [1920]) Damals hatten alle Bären dieses Unternehmens große Ähnlichkeit mit den Teddys der Cousins Gebrüder Hermann. Ab 1920 wurde der Markenname »MAHESO« verwendet.

Carl Hofmann & Co. (1910) Soll den ersten schwarzen Teddy hergestellt haben.

Erich Leistner (1910) Benutzte den Markennamen »ERLE«.

H. Josef Leven & Sprenger (1910) Es sind keine Einzelheiten bekannt.

Ernst Liebermann & Co. (1910) Gebrauchte die Handelsbezeichnung »ELI«.

Wilhelm Strunz (1908) Kopierte Steiff-Bären. Achtung! Wir vermuten, es sind Bären von minderer Qualität.

LINKS **Weiße Steiff-Teddys wie dieser, um 1907/1908, Größe 56 cm, sind begehrte Sammelobjekte.**

UNTEN **Der Steiff PAB43, um 1905, Größe 70 cm, ist ein sehr seltener, weich gestopfter Teddybär.**

UNTEN **Einer der beliebteren Steiff-Bären mit Mittelnaht, um 1905/1906, Größe 40 cm.**

ZWISCHEN DEN KRIEGEN (1919–1939)

KAPITEL 2

Kurz nach dem Ersten Weltkrieg wurde der Weltmarkt durch eine Periode der Unsicherheit erschüttert; viele Teddybär-Hersteller befanden sich plötzlich in finanziellen Nöten und machten Bankrott.

Steiff, bis dahin ein fest etabliertes und weltweit führendes Unternehmen, versuchte unter enormen Schwierigkeiten, seine Vorrangstellung aus den Jahren zuvor wiederherzustellen, was durch die gestörten Beziehungen zu Großbritannien und Amerika noch erschwert wurde. Kurzum, die deutsche Spielzeugindustrie mußte sich in dieser inflationären Zeit mit niedrigeren Preisen begnügen, und viele einflußreiche Organisationen wie die British Toy Federation warnten die Öffentlichkeit ziemlich herablassend vor dem »billigen deutschen Kram«.

Wie viele Industriezweige begann zu dieser Zeit in Japan auch die Spielzeugindustrie zu expandieren. Ihre preiswerten Exporte wurden zur Bedrohung für alle anderen Hersteller. Auch anderswo — besonders in Frankreich und Australien — fing man an, für den heimischen Markt zu produzieren.

In den Vereinigten Staaten, damals weltgrößter Spielzeugmarkt, zeigte sich die Teddybärproduktion in recht desolatem Zustand. Da die Käufer importierte Bären bevorzugten, gelang es damals leider nur sehr wenigen neuen amerikanischen Unternehmen Fuß zu fassen; eine Ausnahme bildete vielleicht die Firma Knickerbocker. Etablierten Firmen wie Ideal oder Gund schien die Fähigkeit abhanden gekommen zu sein, ansprechende Teddybären herzustellen.

Dagegen gelang es den britischen Unternehmen, zur ursprünglichen Qualität ihrer Plüschtiere zurückzufinden. In der Folgezeit bewiesen eben diese Firmen, daß sie eigene phantasievolle Modelle produzieren konnten. In den nächsten zwanzig Jahren konnten sich etliche neue britische Firmen erfolgreich etablieren. Besondere Beachtung verdient die Firma Merrythought, die im Jahr 1930 gegründet wurde.

Zu jener Zeit erfreute sich eine neue Gattung weich gestopfter Teddybären zunehmender Beliebtheit:

LINKS **Eine britische Postkarte um 1936 zeigt Ihre Majestät die Herzogin von York, spätere Queen Mother, mit einem wunderschöne englischen Bären jener Epoche, wahrscheinlich von J. K. Farnell.**

OBEN **Dieser Teddy von J. K. Farnell (66 cm, um 1923) hat neue Pfoten, man sieht aber noch die hohe Qualität der frühen Alpha-Modelle.**

OBEN **Ein Chad Valley-Teddy, um 1923/1924, Größe 43 cm, trägt den alten cremefarbenen Aerolite-Knopf als Markenzeichen im Ohr.**

OBEN **Bis auf die neue Nase ist dies zweifellos ein Schuco-Teddy der 1930er Jahre mit Ja/Nein-Mechanismus, Größe 48 cm.**

OBEN **Ein Peter-Bär der Gebrüder Süssenguth, um 1926, Größe 34 cm. Der wilde Kerl war bei Kindern nicht sehr beliebt!**

OBEN **Dieser liebenswerte weiße Steiff-Bär, um 1925/1926, mißt 35 cm. Am Knopf hängen noch Reste eines roten Etiketts.**

»Softanlite« von der Teddy Toy Company, dann »Ahsolight« von W. J. Terry. Chad Valley produzierte die »Aerolite«-Serie, und viele andere Hersteller folgten dem Trend. Man konkurrierte heftig darum, Teddybären als gesundheitlich unbedenkliches Spielzeug auszuweisen, und folglich war die Plakette des Hygieneinstituts heiß begehrt.

Im Jahr 1929, kurz vor der Weltwirtschaftskrise, brachte die Teddy Toy Company als Ersatz für Mohairplüsch einen neuen und billigeren Kunstseidenplüsch auf den Markt; Chiltern zog mit dem »Silky«-Teddy nach und Farnell mit der »Silkalite«-Serie.

In Deutschland hatte man nach dem Ersten Weltkrieg die Produktion wieder aufgenommen. Steiff jedoch tat sich schwer. Jahrelang hatte die Firma an den alten Entwürfen festgehalten, erst als Richard Steiff um das Jahr 1925 aus den Staaten berichtete, Steiff-Bären wirkten »farblos, nüchtern und langweilig«, gaben diese herben Worte dem Unternehmen den nötigen Ruck und führten zu einer neuen Generation origineller Entwürfe. Aus dieser Zeit stammt »Happy«; anscheinend wurden aber nur wenige Bären dieses Typs hergestellt.

Die Firma Schreyer und Co., besser bekannt als Schuco, stieg mit einem einzigartigen Bärenmodell in die Produktion ein — dem »Ja/Nein-Teddy«, der mit Hilfe eines im Schwanz verborgenen Steuermechanismus' den Kopf heben und senken oder von links nach rechts drehen konnte.

Die Weltwirtschaftskrise (1929—1932) erschütterte die Grundfesten praktisch aller Teddybärmanufakturen, und angesichts eines drohenden neuen Krieges überrascht es nicht, daß die Bären-Vielfalt am Ende der dreißiger Jahre längst nicht an die der ersten dreißig Jahre heranreichte.

WICHTIGE NOTIZEN FÜR SAMMLER: DIE ZEIT VON 1919—1939

Da es in diesen Jahren überall auf der Welt eine Menge Teddybär-Hersteller gab, stehen Ihre Chancen nicht schlecht, einen hochwertigen Petz aus diesen Jahren aufzustöbern. Allerdings sind guterhaltene Bären von bekannteren Herstellern ziemlich teuer, insbesondere jene aus den zwanziger Jahren.

USA

COMMONWEALTH TOY AND NOVELTY CO. (1934) 1937 wurde der »Feed me«-Teddybär eingeführt.

▮ Wenn man an einer Schnur an seinem Hinterkopf zog, konnte man den Bären füttern — dann öffnete sich sein Mund, um das Essen zu schlucken. Zog man einen Reißverschluß am Rücken des Bären auf, ließ es sich wieder herausnehmen. Diese Teddys sind zwar keine Schönheit, aber doch recht ungewöhnlich. Es lohnt sich auf jeden Fall, danach Ausschau zu halten.

GUND INC. (1906)
Bei diesem großen Unternehmen überrascht, daß es in den frühen Jahren nur wenige Teddybären produzierte. Bis jetzt konnten nur einige wenige frühe Bären identifiziert werden. Ein solcher Petz wäre eine Entdeckung.

KNICKERBOCKER TOY CO. INC. (1920ER JAHRE) Als die Firma in den zwanziger Jahren mit der Produktion von Teddybären begann, existierte sie bereits seit ungefähr 70 Jahren.

OBEN **Trotz Gesichtsreparatur ist dieser Petz ein gutes Beispiel für Knickerbocker Toy Co.-Bären aus der Mitte der dreißiger Jahre (43 cm).**

▮ Typisch ist der sehr breite Kopf und die kurze Schnauze. Einige hatten Nasen aus Metall. Die Bären, mit Fußsohlen aus Samt, hatten farbige, in der Regel grüne Glasaugen.

▮ Diese Bären trugen ein hellgelbes Stoffetikett mit hufeisenförmigem Logo, in die Brustnaht eingestickt, darauf stand »Knickerbocker Toy Co. — New York«.

▮ Diese weitaus besten amerikanischen Bären jener Zeit kosten relativ wenig.

GROSSBRITANNIEN

CHAD VALLEY CO. LTD. (1914)
Unter dem Namen »Chad Valley« existierte eine ganze Anzahl Spielzeugfabriken; Teddybären wurden jedoch nur in der Fabrik in Wellington (Shropshire) hergestellt.

OBEN **Großer Chad Valley-Teddybär aus den frühen zwanziger Jahren, Größe 71 cm. Er trägt noch den blauen Knopf unterm Kinn.**

▌Suchen Sie nach den niedlichen, ausdrucksvollen Bären mit langer dreieckiger Nase. Ein sehr ähnliches Bärenmodell tauchte allerdings im Jahr 1935 auf, deshalb Vorsicht bei der Datierung.

▌Das Alter der Bären läßt sich anhand der Knopf-Etiketten feststellen, die Chad Valley verwandte — soweit sie überhaupt angebracht wurden. In den frühen zwanziger Jahren bestand dieser Knopf aus einem breiten Stahlrand mit flacher, vertiefter Zelluloidmitte; es gibt einen blauen »Chad Valley«-Knopf und einen anderen cremefarbenen »Aerolite«. Der »Chad Valley«-Knopf findet sich am rechten Ohr, am Rücken oder unter dem Kinn des Bären. Der »Aerolite«-Knopf sitzt meistens am rechten Ohr des Teddys.

▌Soweit uns bekannt, wurden um 1930 die Knöpfe gegen zwei neue Etikettformen ausgetauscht — Rand und Zelluloid sind jetzt bündig, aber die Mitte ist hervorgehoben. Es gibt einen cremefarbenen und einen blauen Knopf. Sie finden sich gewöhnlich im rechten Ohr oder irgendwo auf der linken Seite des Teddybären.

▌Wirklich nett ist die Magna-Serie (1930) — achten Sie auf das gestickte, blaue oder weiße Etikett auf der rechten Fußsohle. Beachten Sie, daß es auf Harborne (Stadtteil von Birmingham) verweist, den Firmensitz von Chad Valley. Dabei behauptete Chad Valley immer, die Bären seien ausschließlich in Wellington produziert!

▌Gestickte rote Buchstaben auf weißem Etikett wurden in den dreißiger Jahre eingeführt, die dazugehörigen Bären hatten eine große, ziemlich knollige, ovale Nase.

▌Chad Valley schluckte ständig andere Firmen. In den zwanziger Jahren wurde die Firma Isaacs & Co. übernommen. Deren allseits bekanntes Markenzeichen für Plüschtiere (gewöhnlich mit Rädern) war ISA gewesen. 1931 folgte Peacock & Co., die bis dahin bedruckte Holzbausteine hergestellt hatten.

OBEN **Ein Chad Valley-Bär, um 1930, Größe 40 cm, mit typischer Knollennase und rotem Etikett.**

OBEN **Ungewöhnlicher »Pooh«-Bär von Chad Valley, um 1929, Größe 21 cm.**

OBEN **Der stehende Teddy (63 cm) ist von Chad Valley und trägt schon den Knopf im Ohr. Der andere ist ein Peacock-Bär (68 cm). Beide stammen aus der Mitte der dreißiger Jahre.**

OBEN **Dieser ungewöhnliche Chad Valley-Bär aus den dreißiger Jahren ist aus weißem Mohairplüsch und mißt 56 cm. Achten Sie auf die Krallenstickerei an den Füßen und die langen Krallen der Handpfoten, typische Merkmale der meisten Chad Valley-Bären.**

Um die Mitte der dreißiger Jahre kam eine »Peacock«-Serie von Teddybären auf den Markt, echte Chad Valley-Bären mit anderem Etikett (rot auf weiß, im Stil den Chad Valley-Etiketten ähnlich, bis auf den Wortlaut »Peacocks — British Toys — London«.

Bekanntlich gab es auch noch ein anderes, möglicherweise früheres Etikett mit radschlagendem Pfau. Die Peacock-Bären, die wir gesehen haben, sind den Chad Valley-Teddys außerordentlich ähnlich. Wir vermuten, daß sie in der Chad Valley-Fabrik hergestellt, aber unter dem Pfauenemblem vermarktet wurden. Ein solcher Teddy ist ein echter Glückstreffer.

Jeder Chad Valley-Bär aus dieser Zeit lohnt sich zu sammeln, vorausgesetzt er ist in gutem Zustand. Die Teddys dürften nicht allzu teuer sein.

Im Jahr 1938 wurde Chad Valley zum Königlichen Hoflieferanten ernannt, und ein Etikett auf der linken Fußsohle trägt das Königliche Wappen und die Aufschrift »Toymakers to Her Majesty the Queen«. Es wurde im Jahr 1953 geändert (s. Seite 32).

Deans Rag Book Co. Ltd. (1915)

Teddybären von Deans aus dieser Zeit sind überraschenderweise schwer zu finden, insbesondere guterhaltene Exemplare.

Deans-Bären haben oft einen dreieckigen, flachen Kopf mit weit auseinanderstehenden, beinahe vertikal angebrachten Ohren; ein Charakteristikum, das sie von anderen britischen Bären unterscheidet.

Leider sind die Teddybären von Deans aus recht minderwertigem Mohairplüsch angefertigt; das könnte der Grund dafür sein, daß sie meistens arg verschlissen sind.

Ein strohfarbenes Etikett mit schwarzen Druckbuchstaben *Deans Rag Book Co. Ltd.* wurde längs auf die Fußsohle der Teddys genäht. Oft fehlt dieses Etikett — wohl deshalb, weil es nur an den beiden Schmalseiten befestigt wurde.

OBEN **Beachten Sie die charakteristische dreieckige Kopfform dieses Teddys von Deans aus den dreißiger Jahren. Er mißt 43 cm.**

OBEN **Kopf und Torso dieses Farnell-Bären (1920er) stammen wohl von unterschiedlichen Bären (58 cm).**

OBEN **Farnell-Bär, um 1925, mit typisch vernetztem Krallenmuster und Kartoneinlagen in den Kanevas-Füßen (50 cm).**

OBEN **Nach dem Fabrikbrand 1934 etablierte Farnell um 1935 einen neuen Bärentyp (41 cm).**

J. K. Farnell (1908)

Achten Sie auf den frühen »Alpha«-Bären aus den Zwanzigern; die großen Modelle aus hochwertigem Mohairplüsch, gestopft entweder mit Holzwolle oder Kapok oder einer Mischung aus beidem, sind die besten.

Achten Sie besonders auf Bären mit dem typischen Netzmuster auf den Pfoten. Es unterscheidet sich erheblich von dem Merrythought-Muster und dem anderer Firmen. Man erkennt es leicht an dem ausgeprägten Dreieck in der Mitte der Stickerei.

Farnell stattete seine Bären mit Etiketten aus, auf denen sowohl Name, Herkunftsland als auch der Markenname »ALPHA TOYS« standen.

Teddybären aus dieser Zeitspanne erkennt man an dunkelblauen, gestickten Buchstaben auf cremefarbenem Untergrund.

OBEN **Dieser Merrythought-Teddy aus den dreißiger Jahren — möglicherweise aus der M-Serie — hat eine neue Nase, aber den originalen Gabelbein-Knopf und Fußetikett.**

Merrythought Ltd. (1930)

Einige der ersten Merrythought-Bären besitzen ähnlich charakteristische Züge wie Teddys anderer Hersteller, insbesondere die von Chad Valley. Die Fabriken der beiden Unternehmen standen wenige Meilen voneinander entfernt, und einer der Merrythought-Direktoren hatte vorher für Chad Valley gearbeitet.

▮ Versuchen Sie, Ihre Kollektion mit einem Bären aus der frühen Merrythought »M«-Serie, auch bekannt als »Magnet«-Bär, zu bereichern.

▮ Auch Merrythought führte ein Netzmuster für die Krallen an den Handpfoten ein (entschieden breiter und flacher als das frühe Muster von Farnell mit nur vier Krallen).

▮ Weiteres charakteristisches Merkmal war leuchtend orangefarbener Filz auf den Pfoten; es wurden aber auch andere Farben verwendet.

▮ Einige Jahre lang setzte auch Merrythought seinen Bären einen Knopf ins Ohr. Er ähnelte in der Form dem Chad Valley-Knopf, war allerdings gelb und trug ein Etikett mit Gabelbein-Emblem, auf dem »Hygienic-Merrythought-Toys« stand. Gewöhnlich saß der Knopf auf dem linken Ohr, hin und wieder findet man ihn aber auch auf dem Rücken des Bären.

▮ Glücklicherweise wählte Merrythought gleich von Beginn an eine Etikettierung mit gestickten, schwarzen Buchstaben auf gelbem Hintergrund. Das Etikett wurde unter eine Fußsohle genäht. Man benutzte es bis zum Ausbruch des Zweiten Weltkriegs.

▮ Schon bald wurde das Bärenprogramm um das Modell »Bingie« erweitert (1931). Dieser Teddy konnte sitzen und brachte soviel Erfolg, daß er noch ein paar Jahre lang bis 1938 weiterproduziert wurde. Es gibt einige bekleidete »Bingies«, die aus Gründen der Kostenersparnis Körper und Gliedmaßen aus Stoff besitzen. Das Markenzeichen sitzt auf der Innenseite des linken Unterschenkels.

OBEN **Ein Merrythought-Bär aus der Mitte der dreißiger Jahre. Er hat eine ungewöhnliche Farbe, aber immer noch den Knopf und das Fußetikett (48 cm).**

H. G. Stone & Co. Ltd. (1920)

Das Chiltern-Modell »Hugmee« aus den frühen zwanziger und dreißiger Jahren gehört zu den begehrtesten Sammlerobjekten. Mit seiner schönen Farbe, dem hochwertigen Mohairplüsch und einer Füllung aus Holzwolle und Kapok macht der Bär seinem Namen »Hugmee« (Umarme mich) alle Ehre.

▮ »Hugmees« besaßen flache, mit Karton verstärkte Pfoten mit Samtsohlen.

LINKS **Zwei Merrythought »Bingies«, eine von 1931—1938 hergestellte Serie. Die Bären sind 25 cm bzw. 33 cm groß.**

RECHTS **Ein »Hugmee« von Chiltern, um 1930, Größe 60 cm. Der »Hugmee« gehört zu den hochwertigsten britischen Charakterbären und wurde ab 1923 mehr als 50 Jahre lang hergestellt.**

OBEN **Seltener Chiltern-Teddy aus den späten zwanziger Jahren, Größe 55 cm. Beachten Sie das charakteristische »Hugmee«-Bild von Gesicht und Körper.**

▪ Die Teddys konnten quieken, was meistens nicht mehr funktioniert.
▪ Achten Sie auf die große Nase mit den nach oben spitz zulaufenden Außenstichen.
▪ Die Papp-Anhänger dürften kaum noch an Ort und Stelle zu finden sein. Sie hatten ein rundes Markenzeichen; dies kann bei der Datierung hilfreich sein. Bei den allerersten Teddys (1923—1926) stand oben der Schriftzug »Chiltern«, in der Mitte die Silhouette einer Hügelkette mit dem Aufdruck »Toys« und darunter das Markenzeichen.
▪ Die nachfolgenden Etiketten um 1926 sind ähnlich, allerdings etwas dekorativer mit zwei Häusern links im Vordergrund. Sie tragen die Inschrift »trademark« (oben), »Chiltern Toys« (in der Mitte) und »Made in England« (unten). Diese Etiketten wurden bis in die späten fünfziger Jahre hinein benutzt.
▪ Interessant ist die »Cubby« (Baby)-Serie aus dem Jahr 1930.

OBEN **Die »Schlittschuhläuferin« wurde Ende der dreißiger Jahre von Chiltern hergestellt (Größe 33 cm). Muff und Hut sind original.**

Weitere britische Hersteller

East London Toy Factory Ltd. (1915) Produzierte weiterhin Teddybären mit dem Warenzeichen »EALON«.

Invicta Toys Von dieser im Jahr 1935 gegründeten Firma ist sehr wenig bekannt.

Lines Brothers/International Model Aircraft Co. Ltd. (1937) Stellte im Jahr 1937 eine erste »Pedigree«-Serie von Plüschtieren her. Ein Jahr später, 1938, warb »Pedigree« für einen Teddybären, offenbar der erste Bär des Unternehmens.

Louis Goldberg (1935) Brachte »die preiswertesten Plüschtiere Englands« auf den Markt — mutige Worte. Achten Sie auf quadratische Schultern, eng beieinanderstehende Beine, sehr spitz zulaufende, sich verjüngende Arme und ein Brustetikett mit der Aufschrift »Hygienic Toys«, in der Mitte das Wort »Teddy«.

The South Wales Toy Manufacturing Co. (1917) Führte das Warenzeichen »Madingland«, jedoch gibt es kein bekanntes Exemplar. Die Bären besitzen ungewöhnlich große, runde Ohren, die sehr eng auf dem Kopf zusammenstehen, sowie ein ungeschorenes Gesicht mit breitem Mund und recht unglücklichem Ausdruck. Körper und Arme sind nach deutschem Vorbild gearbeitet, die Füße in der Proportion sehr klein, rund und knuffig, im Gegensatz zu den sehr flachen Füßen der Bären vor dem Ersten Weltkrieg.

OBEN **Ein Teddy von Lines Brothers (Pedigree), um 1938 (52 cm). Diese Serie wurde ohne Unterbrechung bis in die fünfziger Jahre produziert.**

Tah Toys Ltd. (1919) Obwohl wir keine Beispiele haben, zeigt eine Werbeanzeige aus dem Jahr 1919 einen typisch britischen, runden Torso, einen großen Kopf, sehr große Schlappohren und riesige Füße. Die Nase war dreieckig mit langen vertikalen Linien, im Gegensatz zum kurzen waagerechten Mund.

The Teddy Toy Co. (1916) Gründung während des Ersten Weltkriegs; Anfang der zwanziger Jahre Einführung und Patentierung (Nr. 133625) der »Softanlite«-Serie, laut Unternehmen die allerersten wirklich leichten und weichen Teddybären! Die Bären, von denen bisher keiner zuverlässig identifiziert werden konnte, sind auf einer Anzeige aus dem Jahr 1921 abgebildet und haben große, runde Gesichter, große Ohren, runde Knopfnasen mit nach unten gezogenem Mund. Das Unternehmen produzierte ohne Unterbrechung bis in die fünfziger Jahre hinein.

Deutschland

Gebrüder Bing (1908)

Ab 1920 nannte sich das Unternehmen »Bing-Werke«, und der bis dahin verwandte »GBN« Knopf wurde durch einen orangefarbenen Knopf mit schwarzen Buchstaben »BW« ersetzt. Die Firma schloß im Jahr 1932.

▌Nunmehr wurde der Knopf nicht mehr am Torso, sondern auf der Außenseite des Arms angebracht.

▌Viele Bären des vergangenen Jahrzehnts wurden in den zwanziger Jahren mit einigen Veränderungen am Gesicht wieder produziert.

▌Bing stieg im Jahr 1932 aus dem Geschäft aus, um so begehrter sind natürlich seine Bären.

▌Diese Teddys findet man sogar noch mit Knopf, ein weiteres Plus für den Sammler.

UNTEN **Ein Teddy der Bing-Werke aus den Jahren 1923/1924, Größe 58 cm. Diese Bären sind mit ihren langen Schnauzen unverkennbar.**

UNTEN **Schuco-Kompaktbär aus den Jahren 1927/1928 (Größe 9 cm). Er gehört zur Piccolo-Serie, den damals neuerschienenen Bärenwinzlingen.**

Schuco (Schreyer & Co.) (1912)

In den Zwanzigern waren bei den Damen kleine, geldbörsenähnliche Handtaschen groß in Mode. Schuco produzierte im Jahr 1924 winzige Teddybären, die alles Wesentliche in ihrem Körper aufnehmen konnten: Parfümzerstäuber, Puder, Lippenstift und sogar ein Whiskyfläschchen — dieses natürlich für den Herrn! Die Bären gab es in fröhlichen Farben, kurzfloriger Mohairplüsch verbarg einen Körper aus Metall. Die Serie war als »Piccolo« bekannt. So ein Winzling ist für jeden Sammler eine einmalige Entdeckung. In guterhaltenem Zustand dürfte er allerdings teuer sein!

▌Auch die purzelbaumschlagenden Miniaturbären mit Federzug-Mechanismus sind sehr spaßig.

▌Der »Bellhop« aus dem Jahr 1921 ist eine echte Bärenpersönlichkeit: komplett mit roter Jacke, schwarzer Hose, Filzkäppi und Ledertasche mit Ledergurt gehört er zur Krönung einer jeden Sammlung.

▌Einer der gefragtesten und meistgeschätzten Petze ist zweifellos der »Ja/Nein-Bär«. Da Schuco nur hochwertige Materialien verarbeitete, findet man diesen Teddy oft in guterhaltenem Zustand. Der seltenste Bär aus dieser Serie ist der »Ja/Nein-Clown«.

UNTEN **Ein Prachtexemplar an Qualität und Persönlichkeit ist dieser große Schuco-Teddy, um 1935 (Größe 51 cm). Beachten Sie Pfoten und Füße mit drei Krallen, charakteristische Merkmale der Schuco-Bären.**

MARGARETE STEIF (1903)

Zur Zeit des roten Leinenetiketts im Teddyohr »1925—1934« produzierte Steiff einige wirklich nette, orginelle Bären. Diese lassen sich leicht von den früheren Modellen unterscheiden, da ihr immer noch spitz zulaufendes Gesicht jetzt viel schmaler und der Buckel weniger gerundet war. Außerdem setzte man farbige Glasaugen ein. Halten sie Ausschau nach diesen Bären; man findet sie oft in sehr gutem Zustand, allerdings dürften sie recht viel kosten.

▮ Eine Seltenheit ist der weich gestopfte »Teddy Clown« aus dem Jahr 1926 (weißer Mohairplüsch mit braunen Spitzen), der in elf Größen hergestellt wurde, ebenso wie der einfarbig gelbe »Clown«-Bär. Letzterer erschien mit zwei verschiedenen Halskrausen auf dem Markt — einer weißen mit roter Kante und einer weißen mit blauer Kante (sehr selten).

▮ Die »Petsy«-Serie aus dem Jahr 1927 wurde in zehn Größen angeboten. Die Bären besaßen den charakteristischen Kopf mit Mittelnaht und waren in goldgetöntem Mohairplüsch mit gefärbter Spitze erhältlich. Die wunderschönen, blauäugigen, zweifarbigen Mohair-Bären aus dieser Serie gehören eindeutig zu den meistgefragten Teddybären.

▮ Das »Teddy-Baby« — Entwurf und Produktion im Jahr 1930 — kam in elf Größen und unterschiedlichster Ausführung auf den Markt, es gab Bären mit offenem oder geschlossenem Mund.

▮ Zur selben Zeit brachte Steiff den putzig grinsenden Bären »Dicky« heraus. Es gab ihn zumeist aus goldfarbenem Mohairplüsch in acht Größen, eine seltenere weiße Version in fünf Größen. Um 1936 wurde ein billigeres Modell mit eingesetzter Schnauze und großen Füßen vorgestellt und dann einige Jahre lang produziert. Wenn Sie einen »Dicky« auftreiben, sind Sie zu beneiden.

▮ Der »Zirkus«-Bär aus den Jahren 1936–1938 mit Schnappgelenken und einem Mechanismus im Hals, der die Stellung von Gliedern und Kopf veränderte, ist nach wie vor einer der seltensten Teddys.

▮ Steiff produzierte außerdem eine beträchtliche Anzahl kleiner Bären.

OBEN **»Remembering Lou« — Steiff-Bär, um 1927/1928 (Größe 43 cm). Blauäugige »Petsy«-Teddybären sind schwer zu finden. Beachten Sie Mittelnaht und an den Spitzen gefärbten Mohairplüsch.**

UNTEN LINKS **Hübscher weißer Steiff-Bär aus den Jahren 1923/1924 (Größe 58 cm). Steiff veränderte Mitte der zwanziger Jahre grundlegend sein Programm und den Stil der Bären.**

UNTEN RECHTS **Dieser Steiff-Bär wurde um 1925/1926 hergestellt, erkennbar an den Resten des roten Etiketts am Knopf. Der Teddy mißt 61 cm.**

WEITERE DEUTSCHE HERSTELLER

EDUARD CRAMER (1930) Diese schwer auffindenden Bären aus den frühen dreißiger Jahren waren eindeutig der »Teddy Baby«-Serie der Firma Steiff nachempfunden. Ein musikalischer und laufender Bär basierte auf dem »Clown« von Steiff, der aus dem gleichen, an den Spitzen gefärbten Mohairplüsch gefertigt war. Die Bären besaßen komplett geschorene Schnauzen, eingesetzte Augen, Knopfnasen und halboffene Münder, die eine rosafarbene Filzzunge enthüllten; es gibt allerdings auch Bären mit geschlossenem Mund.

GEBRÜDER HERMANN (1911) Ein Familienbetrieb unter Leitung von Bernhard Hermann. Die Teddys wurden in der Fabrik in Sonneberg angefertigt. Zu jener Zeit trugen sie einen einfachen Anhänger auf der Brust mit der Inschrift »BEHA« — »BE« von Bernhard und »HA« von Hermann. Nach 1930 stand »Beha« in Groß- und Kleinbuchstaben oben auf dem Etikett und »Teddy« in großer Schrift quer über der Mitte. Achten Sie auf die Hauptmerkmale — vollkommen geschorene, eingesetzte Schnauze mit dreieckiger Nase und kurzem Mund. Bekannter ist das Unternehmen für die Mohairplüsch-Bären mit brauner Spitze aus der Mitte der zwanziger Jahre, nicht zu verwechseln mit dem Hermann-Bären, der dreißig Jahre später hergestellt wurde.

MAX HERMANN (1920) (SPÄTER HERMANN-SPIELWAREN) In den zwanziger Jahren wurde eine Reihe von Teddybären, die Serie 112, in zehn Größen hergestellt. Diese Teddys unterscheiden sich grundlegend von den Plüschtieren seiner Vettern (Gebr. Hermann): Sie haben eine ungewöhnliche Statur, spitz zulaufende Ohren (fast katzenartig) und lange, umgekehrte V-förmige Münder, die ihnen ein ziemlich unglückliches Aussehen verleihen. Um 1930 wurde das Programm um die Serie 111 (in neun Größen) erweitert. Hauptunterschiede waren Qualität und Farbe des Stoffes. Diese frühen Modelle trugen das Markenzeichen »MAHESO«. Die meisten Bären wurden in die USA exportiert.

H. JOSEF LEVEN & SPRENGER (1910) Hersteller einer umfangreichen Teddybären-Serie, mit acht unterschiedlichen Typen in den Zwanzigern, in den Dreißigern auf fünfzehn erweitert. Alle sollen »typisch deutsch« aussehen.

Gebrüder Süssenguth (1925) Am bekanntesten ist der »Peter«-Bär mit Kulleraugen, beweglicher Zunge und offenem Mund. Er wurde in drei Größen und Farben hergestellt. Das gängigste Modell bestand aus dunkelbraunem Mohairplüsch mit hellbraunen Spitzen. Auf der Brust sollten Sie ein weißes Etikett mit Metallrand finden. Erst kürzlich wurde eine kleine Spielwarenfabrik mit einem Lager voll ungeöffneter Kartons mit »Peter«-Bären entdeckt.

RECHTS **»Peter« von Gebrüder Süssenguth im Originalkarton. Er wurde um 1926 produziert und mißt 34 cm. Das runde Etikett auf der Brust trägt die Aufschrift »'Peter' — Ges. gesch. — Nr. 895257«.**

AUSTRALIEN

Die einheimische Teddybärenproduktion setzte erst Ende der zwanziger Jahre ein. Charakteristisch ist die große Ähnlichkeit mit den zeitgleich entstandenen britischen.

BERLEX TOY PTY.
Eine der in den dreißiger Jahren in Melbourne gegründeten Firmen.
■ Offenbar wurden die Etiketten auf der Unterseite des linken Armes angebracht.

Emil Toys
Dieses Unternehmen wurde erst spät in den dreißiger Jahren gegründet und produzierte seine Bären in Victoria. Hauptmerkmal der Teddys ist ihr kampflustiges Aussehen, bedingt durch einen großen, runden, direkt auf der Schulter befestigten Kopf, kleine Ohren, weit auseinanderstehende Glasaugen, eine sehr charakteristische breite Nase mit zwei ausgeprägten, aufwärts gerichteten Außenstichen und einem breiten Mund.

OBEN **Diesen Teddybären von Emil Toys aus den späten dreißiger Jahren, Größe 40,5 cm, erkennt man am festsitzenden Kopf.**

Joy Toys Pty.
Erster Teddybärenproduzent Australiens, Firmengründung in Melbourne Ende der 1920er Jahre. Der große Durchbruch gelang dem Unternehmen aber erst um 1935 mit Disney-Figuren.
▪ Damals fertigte Joy Toys seine Teddys aus hochwertigem Mohairplüsch an und stopfte sie gewöhnlich weich mit Baumwolle, bis auf den Kopf, hierfür nahm man Holzwolle. Hin und wieder wurde auch der ganze Bär damit gestopft.

OBEN **Der frühe Joy Toys-Teddy aus den dreißiger Jahren, Größe 61 cm, ist im Gegensatz zu vielen anderen australischen Bären voll gegliedert. Er erinnert stark an britische Bären.**

▪ Ein Etikett, über die Mitte der rechten Kunstleder-Pfote genäht, trug den aufgestickten grünen Schriftzug »Joy-Toys made in Australia« auf weißem Untergrund (es wurden auch Etiketten unter dem linken Fuß gefunden).
▪ Zwischen Joy Toys-Bären und dem Chiltern-Bären »Hugmee« besteht große Ähnlichkeit.

Frankreich

Von allen zu jener Zeit produzierten Bären sind diese am schwersten zu bestimmen. Typische Merkmale sind wohl die recht primitiven Metallstäbe mit außen sichtbaren Schlingen zur Befestigung der Gliedmaßen und der kurze, rauhe Mohairplüsch. Vielleicht liegt es an der schlechten Qualität und dem unglücklichen Erscheinungsbild, daß französische Bären für Sammler bisher nicht besonders interessant waren.

FADAP (1920)
Bären dieses Unternehmens (Fabrique Artistique d'Animaux en Peluche) tauchen gerade erst auf. Man erkennt sie an dem charakteristischen rotgeränderten Pappetikett, an dessen unterem Ende noch ein kleiner Kreis mit dem Markenzeichen »FADAP« hängt. Es ist mit einem Metallknopf am linken Ohr befestigt.
▪ Eher konventionelle Konstruktion mit verborgenen Scheibengelenken.
▪ Man stellte auch Teddybären auf Rädern her, ähnlich der Record-Serie von Steiff.

M. Pintel Fils & Cie.
Brachte in den frühen zwanziger Jahren Teddybären auf den Markt.
▪ Frühes Markenzeichen des Unternehmens ist ein kleiner runder, erhabener messingfarbener Knopf mit zwei sich umarmenden Bären und den Buchstaben »PF«.
▪ Die Teddys besaßen lange, sich verjüngende Arme und lange, dünne Beine an einem eher flachen, fast formlosen Körper.

Thiennot (1919-1920)
Es gibt kaum Informationen über diese Bären.

Schweiz

Helvetic (Mitte der zwanziger Jahre)
Das Unternehmen nahm die Produktion Mitte der zwanziger Jahre auf, über seine Ursprünge weiß jedoch niemand genau Bescheid.
▪ Die Bären sehen charakteristisch aus, gewöhnlich sind sie aus schöngefärbtem, zottigem Mohairplüsch und haben sehr ansprechende Gesichtszüge.
▪ Alle Bären sehen eher amerikanisch aus, möglicherweise wurden Schweizer Spieldosen in die USA transportiert und in dort hergestellte Bären eingesetzt.

NEUBEGINN (1946–1960)

KAPITEL 3

Zwei Weltkriege bedeuteten das Ende für viele Teddybärunternehmen — sie wurden entweder zerstört oder scheiterten an wirtschaftlichen Schwierigkeiten. Selbst angesehenen Herstellern stand eine harte Zeit bevor bei dem Versuch, die Trümmer wegzuräumen und den Betrieb wieder aufzubauen. Wer konnte damals schon ahnen, daß sich innerhalb von drei Jahrzehnten die Welt drastisch verändern, das neue technologische Zeitalter und die Wegwerfgesellschaft anbrechen würden. Von nun an hielt man die Kinder nicht mehr dazu an, ihr Lieblingsspielzeug zu hegen und zu pflegen — Spielsachen gab es im Überfluß, und man konnte achtlos damit umgehen. Außerdem interessierten sich die Kinder nunmehr hauptsächlich für das neueste Spielzeug aus der Fernsehwerbung. Verfügbarkeit von Massenware gehörte zu den Voraussetzungen der Bevölkerungsentwicklung der Nachkriegszeit.

Überraschenderweise waren gerade qualitätsbewußte Hersteller wie Steiff, Schuco, Hermann, Chiltern und Chad Valley am erfolgreichsten. Deren Glückssträhne hielt leider nicht lange vor. Schon bald wurden alle Betriebe von multinationalen, hauptsächlich amerikanischen Firmengruppen einfach geschluckt — es ging um Beherrschung der großen Märkte. Kein Hersteller war davor sicher, jeder spürte die Bedrohung durch die Großkonzerne, aber auch durch Japan, das zunehmend zu einer der größten spielzeugproduzierenden Nationen heranwuchs.

Weitere Probleme machten den Teddybärproduzenten die von den Amerikanern gegen Ende der fünfziger Jahr neu eingeführten engumrissenen Sicherheitsstandards, die rasch von anderen Ländern übernommen wurden.

Alle Teddybären aus den späten fünfziger Jahren bis in die Zeit nach 1970 waren weich und kuschelig, um den internationalen Sicherheitsstandards zu entsprechen — und vor allem billig.

LINKS **Dieser wunderschöne Chad Valley-Teddy (um 1950) winkt dem alten Freund zum Abschied — einem Steiff-Teddy (um 1905).**

WICHTIGE NOTIZEN FÜR SAMMLER: DIE ZEIT VON 1946—1960

Zum Leidwesen der Sammler engten die neuen Sicherheitsbestimmungen die Freiheit von Design und Produktion von Teddybären sehr stark ein: Teddys nach 1960 sind im allgemeinen weniger ausdrucksstark und ansprechend.

USA

Die großen Massenproduzenten begannen, ihre Teddybären von billigen Arbeitskräften im Fernen Osten anfertigen zu lassen. Folglich wurde die Konkurrenz für traditionelle Bärenfabrikanten noch härter.

CHARACTER NOVELTY CO.
Teddybären aus den Jahren nach dem Krieg und den Fünfzigern wurden mit bis dahin ungewöhnlichen schwarzen Knopfaugen auf etwas größerem weißen Filzkreis ausgestattet. ▮ Markenzeichen des Unternehmens war ein gedrucktes Etikett mit dem Namen »Character«, eingenäht in die linke Ohrnaht des Bären.

GUND INC. (1906)
Gund produzierte ein breites Spektrum an Teddybären, stellte jedoch bevorzugt Disney-Figuren her. Demzufolge gab es nur wenige Gund-typische Teddys. ▮ Zum Glück versah man jedes Etikett mit der genauen Produktbezeichnung, so daß die Bären leicht zu identifizieren sind.

IDEAL TOY AND NOVELTY CO. (1903)
Wie bei vielen britischen Unternehmen, ließ die Qualität der Teddybären auch dieser berühmten amerikanischen Firma in den Jahren nach dem Krieg zunehmend nach. Kein Wunder, wurde doch mittlerweile für den Massenmarkt produziert.

▮ In den fünfziger Jahren stellte das Unternehmen einen niedlichen, kleinen Teddy vor, bei dem Gesicht, Hände und Füße aus Weich-PVC geformt waren. Dieses Verfahren erfreute sich bei amerikanischen Herstellern jener Zeit großer Beliebtheit.

KNICKERBOCKER TOY CO.
Auch dieser bekannte amerikanische Hersteller produzierte wie viele andere auf der Grundlage seiner Vorkriegs-Entwürfe. Man bevorzugte jetzt aber eine geschorene, eingesetzte Schnauze. Außer ein paar sehr hübschen Teddys von guter Qualität brachte die Firma Ende der vierziger und fünfziger Jahre recht wenig auf den Markt.

RECHTS **Der Knickerbocker-Bär aus den vierziger Jahren (Größe 50 cm) gehört zu den schönsten amerikanischen Teddys der Nachkriegszeit. Beachten Sie das Etikett auf der Brust.**

LINKS **Unverkennbare Merkmale der Character Novelty Co.-Bären aus den späten vierziger Jahren sind ihre Silhouette und die Filzkreise hinter den Augen (Größe 49 cm).**

GROSSBRITANNIEN

WENDY BOSTON (UM 1945)

Diese weit verbreiteten Bären wurden von den fünfziger bis hinein in die sechziger Jahre produziert. Den Nylonteddy »Playsafe« konnte man in die Waschmaschine stecken, danach sah er aus wie neu.

▮ Diese farbenfrohen Bären waren in einem Stück gearbeitet und erschienen in allen Größen auf dem Markt. Gerade heute erfreuen sie sich wieder großer Beliebtheit.

▮ Achten Sie auf Bären mit rosa-weiß gedrucktem Markenzeichen aus Satin, gewöhnlich unter die rechte Fußsohle genäht. Auch wenn der Teddy oft gewaschen wurde, erkennt man deutlich das Etikett. Andere Hersteller versuchten, es Wendy Boston nachzutun, aber ihre Bären waren nicht dieselben.

▮ Im Lauf der frühen fünfziger Jahre stellte Wendy Boston auch traditionelle Mohairplüsch-Teddybären mit Gelenken her. So ein Teddy wäre ein gelungener Fund.

OBEN **Wendy Boston »Playsafe«-Bären aus den späten fünfziger und sechziger Jahren. Beachten Sie, daß einige Petze das Etikett ganz normal auf der rechten Fußsohle tragen, manche aber auch auf der linken.**

THE CHAD VALLEY CO. LTD. (1914)

In der ersten Zeit nach dem Krieg basierten viele Bären des Unternehmens auf dem Vorkriegs-Design. Im Lauf der Jahre wurden die wunderbaren Teddys mit den ausdrucksstarken Zügen leider durch flachgesichtige, ziemlich langweilige Teddybären ersetzt. Anscheinend ging der Firma Chad allmählich der Anspruch und vielleicht auch die Fähigkeit verloren, qualitativ hochwertige Bären herzustellen. Chad-Teddybären dieser Epoche sind mit höchstens ein oder zwei Ausnahmen nicht besonders interessant.

RECHTS **Chad Valley-Bär, um 1950, Größe 72 cm. Der Bär trägt das ursprüngliche königliche Gütezeichen mit der Aufschrift »HM the Queen«. Im Jahr 1953 wurde diese in »HM Queen Elizabeth the Queen Mother« geändert.**

DEANS RAG BOOK CO. LTD. (1915)
Im Jahr 1955 entwarf Sylvia Wilgoss eine bemerkenswerte, neue Plüschtierserie nach lebenden Tieren, darunter auch einen Bären.
▪ Das geformte Gesicht dieses Teddys war mit Mohairplüsch überzogen, er besaß Hände und Füße aus geformtem Gummi.
▪ Es gab einen schwarzen und einen weißen Bären (wahrscheinlich ein Polarbär), beide sind sehr selten.

J. K. FARNELL & CO. LTD. (1908)
Alles oben gesagte gilt auch für Farnell, außer, daß einige der Farnell-Bären aus den frühen Fünfzigern die Suche lohnen. Achten Sie auf das blau und rot bedruckte Etikett mit Ritterschild, es war an den Teddys aus den Jahren 1940—1964 angebracht. Im Jahr 1964, zeitgleich mit dem Umzug des Unternehmens nach Hastings in Sussex, wurde ein schlichtes gedrucktes Etikett mit der Aufschrift »This is a Farnell Quality Soft Toy made in Hastings, England« (Dies ist ein Qualitäts-Plüschspielzeug von Farnell, hergestellt in Hastings, England) eingeführt. Leider erreichten die Teddybären nie ganz diesen Anspruch.

MERRYTHOUGHT LTD. (1930)
Das Unternehmen orientierte sich weitgehend an seinen Bären aus den späten dreißiger Jahren, erst der Bär »Punkinhead«, gefolgt von »Cheeky«, weckte bei Sammlern wieder das Interesse an Merrythought. Frühe Versionen dieser ganz besonderen Bären müssen das gedruckte Etikett mit der Aufschrift »Hygienic Toys« (in der Mitte) tragen und nicht die Worte »Ironbridge, Shrops« — dieses Etikett taucht erst ab dem Jahr 1957 auf.

PEDIGREE SOFT TOYS LTD. (1937)
Unter diesem Namen wurde eine Reihe von Plüschtieren der Firma Lines Brothers aus dem Jahr 1937 produziert.
▪ Die Qualität variierte von gut bis erbärmlich, typische Merkmale sind die hoch im Gesicht angesetzte Nase und der langgezogene Mund in umgekehrter T-Form.

UNTEN **Ein Dean-Teddy, um 1955, Größe 51 cm. Die schwarze Version dieses »realistischen« Teddybären soll ein Grizzly und der alles andere als weiße Petz auf der Abbildung ein Polarbär sein.**

OBEN **Zwei Bären aus der beliebten »Cheeky«-Serie von Merrythought. Sie wurden Ende der fünfziger Jahre hergestellt und sind 38 cm und 61 cm groß.**

RECHTS **Möglicherweise der letzte wirklich ausdrucksstarke Bär von Farnell. Das Etikett an der Körperseite datiert diesen Teddy in die Jahre 1964/1965. Der Bär mißt 45 cm.**

- Bis zum Jahr 1955 wurden die Bären in der Londoner Vorstadt Merton hergestellt, dann in Nordirland.
- Ende der fünfziger Jahre setzte man vermehrt Plastiknasen ein.

H. G. STONE & CO. LTD. (CHILTERN) (1920) Prachtstück des Chiltern-Programms blieb der »Hugmee«-Bär.

- Durch Einführung der geschorenen Schnauze trat eine Veränderung der Gesichtszüge ein. Konstruktion und Gestalt des Torso blieb jedoch gleich.
- Ein bedrucktes Etikett, blau auf weiß, wurde jetzt auf die rechte Fußsohle geklebt. Oft hat es sich gelöst, aber bei genauem Hinsehen erkennt man im allgemeinen, wo es gesessen hat.
- Man verwandte auch rotbedruckte Etiketten, normalerweise wurden diese — wie ähnliche blaue Etiketten — in die Seitennaht des Körpers genäht.
- Aus Plastik geformte Nasen wurden um 1958 eingeführt, außerdem hängende Schlappohren.
- Andere Prachtexemplare sind der Ting-a-Ling-Bär (1953) und das musikalische Baby Bruin (1958). Die Teddys sind sich recht ähnlich, allerdings haben die Beine von Baby Bruin keine Gelenke, dieser Teddy kann nur aufrecht stehen.

WEITERE BRITISCHE HERSTELLER

ACTON TOY CRAFT LTD. Produzierte die Twyford-Teddybärenserie, alles ganz reizende Bärenpersönlichkeiten, aber sehr schwer zu finden. Übrigens besaßen Twyford-Bären oft rote Fußsohlen und Handflächen.

LECO TOYS Stellte musikalische Bären mit niedlicher Stupsnase und aufwärts gebogener Schnauze her.

LEFRAY LTD. (1948) Wurde im Jahr 1948 gegründet, verlegte den Firmensitz aber im Jahr 1960 nach St. Albans. Lefray-Bären waren typisch britische Teddys ihrer Zeit, eine Ausnahme bildet ein recht ungewöhnli-

RECHTS **Eine spätere (Anfang der sechziger Jahre) Version des »Hugmee« von Chiltern, Größe 68 cm. Die Ohren liegen flach am Kopf an, und das Gesicht ist etwas ausdrucksvoller als das seiner Vorgänger.**

OBEN **Dieser musikalische stehende Bär wurde 1959/1960 von Chiltern produziert und mißt 29 cm. Die Nase ist aus geformtem Plastik.**

OBEN **Dieser »Hugmee« von Chiltern wurde um 1956 hergestellt und mißt 53 cm. Die Grundform des »Hugmee« wurde nicht verändert.**

RECHTS **Ein ungewöhnlicher Teddy von Lefray Ltd. aus der Mitte der fünfziger Jahre (Größe 53 cm). Mit sehr kurzen und steifen Beinen kann er nur stehen, Kopf und Arme sind jedoch beweglich. Die Ohrmuschel besteht aus braunem Samt, und die Nüstern sind rot.**

cher, stehender Bär mit starrem Körper und etwas merkwürdigem Gesicht.

S. OPPENHEIMER LTD. Produzierte im Jahr 1950 unter dem Handelsnamen »EMU«; man erkennt sie an den dreieckigen Fußsohlen.

PLUMMER AND WANDLESS & CO. LTD. Brachte eine Reihe von Teddybären mit der Bezeichnung »Tinka-Bell« heraus.

W. T. CO. Produzierte im Jahr 1951 einen weichen Teddybären zum Aufziehen, der tanzen und gehen konnte, außerdem einen batteriebetriebenen Bären mit »magischen Augen«. Auch diese Petze hatten dreieckige Fußsohlen.

DEUTSCHLAND

GEBRÜDER HERMANN (1911)
Hermann produzierte weiterhin ähnliche Bären wie vor dem Krieg; allerdings stellte das Unternehmen zum selben Zeitpunkt wie Steiff ein »Zotty«-Modell vor.

▪ Auf den ersten Blick sehen diese »Zottys« den Steiff-Bären zum Verwechseln ähnlich, Nase und Mund sind jedoch anders geformt, der Brustlatz hebt sich farblich nicht vom Fell ab, und die Augen haben keinen Filzhintergrund.

▪ Von größerem Sammlerwert sind vielleicht die Teddybären aus kontrastierendem Mohairplüsch aus der Mitte der fünfziger Jahre, sie erinnern stark an die Vorkriegs-Teddybären.

▪ Achten Sie auf den grün-silbernen, rosettenförmigen Brustanhänger, der im Jahr 1952 eingeführt wurde; sollten Sie statt dessen einen runden Blechanhänger mit der

OBEN **Dieser beliebte Teddybär der Gebrüder Hermann wurde um 1956 hergestellt und mißt 41 cm. Er besitzt immer noch das grüne Etikett.**

OBEN **Der Gebr. Hermann-Teddy um 1953 ist 30 cm groß und kaum von einem Steiff-Bären zu unterscheiden.**

Aufschrift »Hermann-Teddy-Original« finden, wissen Sie jetzt, daß dieser in den Jahren von 1941 bis 1951 produziert wurde.

Schuco (Schreyer & Co.) (1912)
In der Geschichte der Firma Schuco sind die gleich nach dem Zweiten Weltkrieg hergestellten die am meisten gesuchten.

▪ Star des Schuco-Programms war zweifellos eine Version des »Ja/Nein«-Bären mit Namen »Tricky«. Von diesem Bären gab es auch noch eine musikalische Variante. Achten Sie auf ein rotes, rosettenförmiges Plastiketikett an der Brust mit der Aufschrift »Schuco Tricky«; wenn auf der Rückseite »made in US Zone Germany« steht, ist der Teddy vor 1953 hergestellt worden.

▪ Noch ein begehrtes Sammelobjekt ist das niedliche »Ja/Nein«-Mädchen in Blümchenkleid und Schürze, besonders wenn die Kleidung noch vollständig ist. Man beachte, daß Kopf, Hände und Füße aus Stoff bestehen, der übrige Körper mit Holzwolle gestopft ist.

▪ Außerdem produzierte Schuco weiterhin Teddy-Winzlinge mit Blechtorso; die Vor-

LINKS **Schuco-Bär, um 1950, Größe 44 cm. Schuco hielt den Vorkriegsstandard aufrecht, so gut erhaltene Exemplare sind allerdings selten.**

UNTEN **Dieser Steiff-Teddy aus dem Jahr 1952 zeigt deutlich, wie sich zwischen den späten dreißiger und den frühen fünfziger Jahren der Stil veränderte. Der Bär ist 33 cm groß.**

UNTEN **Steiff-Zottys (von links nach rechts): 28 cm, aus den Jahren 1956/1957; 28 cm, um 1955; 28 cm, um 1970 und 22 cm, aus der Mitte der sechziger Jahre.**

kriegs-Exemplare besaßen Füße aus Filz, auf den man nach dem Krieg verzichtete. Vermutlich gibt es eine Ausnahme — einen Bären aus den sehr frühen Fünfzigern.

MARGARETE STEIFF (1903)
Bei näherer Betrachtung erkennt man die Verwandtschaft der gleich nach dem Krieg hergestellten Teddybären mit ihren Artgenossen, die zehn oder zwanzig Jahre vorher produziert wurden. Das schmale Gesicht ist ein Charakteristikum geblieben, das neue Zeitalter forderte jedoch Veränderungen.

- Der Teddy »Jackie«, der zum fünfzigsten Firmenjubiläum 1953 in drei Größen produziert wurde, wäre eins Ihrer wertvollsten Sammlungsstücke!
- Die »Zotty«-Serie, Teddybären mit offenem Mund, zottigem, meliertem Mohairplüsch und hellgefärbter Brust, wurde im Jahr 1951 eingeführt. Da es so viele Variationen gibt, macht das Sammeln richtig Spaß. Versuchen Sie jedoch, einen Bären zu ergattern, der sowohl den Knopf im Ohr als auch das Etikett auf der Brust besitzt.
- Vorsicht! Es gibt viele ähnlich aussehende Teddybären von anderen Herstellern.

UNTEN **Ein Steiff-Bär aus den Jahren 1954/1955, Größe 28 cm. Ab 1952 wurden Steiff-Teddys ein wenig rundlicher.**

- Von allen »Zottys« ist der weiße der seltenste.
- Verwandte des »Zotty« waren »Zulac Zotty«, »Orsi«, »Lully« und »Zooby« aus der Mitte der fünfziger Jahre.

WEITERE DEUTSCHE HERSTELLER

HERMANN-SPIELWAREN GMBH (1920)
Die Hermann-Spielwaren Gesellschaft war früher bekannt als Max Hermann & Sohn mit Firmensitz in Sonneberg. Im Jahr 1947 änderte Max Hermann den Firmennamen in Hermann & Co. KG. Diese hatte Niederlassungen sowohl in Sonneberg als auch im ca. dreißig Kilometer entfernten Coburg. Im Jahr 1953 verlegte Max die ganze Firma von Sonneberg (es lag in der sowjetisch besetzten Zone) nach Coburg, wo sie seitdem produziert. Es hat folglich keine zwei verschiedenen Unternehmen Hermann gegeben! Achten Sie auf den frühen Teddybären Modell 73 aus kontrastierendem Mohairplüsch. Markenzeichen der Firma war ein grünes, dreieckiges Metalletikett mit der Abbildung eines laufenden Bären mit Hund.

PETZ
Über dieses Unternehmen gibt es verwirrende und widersprüchliche Informationen. Kenner behaupten, die Firma hätte schon während des Ersten Weltkriegs Teddybären produziert, andere wiederum meinen, sie hätte erst nach dem Zweiten Weltkrieg mit der Produktion begonnen. Bis heute wissen wir nicht sicher Bescheid. Die meisten Petz-Bären, die Sie finden können, lassen sich zuverlässig identifizieren, wenn sie noch den typischen Milchglasknopf, mit rotem Symbol, auf der Brust tragen; wahrscheinlich stammen sie aus der Zeit nach 1946.

- Andere bekannte Hersteller aus dieser Periode sind: Clemens, Grisly Spielwaren, Althans KG, Anker, Baweku GmbH, Baumann & Kienel KG, EBO, Heunec und Hugo Koch.

AUSTRALIEN

BERLEX TOY PTY (1930ER JAHRE)
Obwohl dieses Unternehmen seit den dreißiger Jahren produzierte, ist nicht bekannt, wann es Teddybären in sein Programm aufnahm. Die Bären mit ihrem qualitativ minderwertigen Mohairplüsch sind typisch für die dreißiger Jahre.

- Das Unternehmen übernahm den bei vielen australischen Bärenproduzenten beliebten starren Hals (ohne Gelenk).
- Achten Sie auf die rote Druckschrift auf weißem Etikett an einem Arm und die bei Berlex fast immer dreieckig gestickte Nase.

UNTEN **Der Kopf dieses Berlex-Bären aus den fünfziger Jahren sitzt fest auf dem Hals; Arme und Beine sind jedoch gegliedert. Beachten Sie die dreieckige Nase und das Etikett auf dem linken Arm (Größe 51 cm).**

UNTEN **Emil Toys-Teddybär (1950er, 51 cm). Auch wenn er nur noch ein Auge hat, ist dieser Bursche aus Mohairplüsch mit steifem Hals für viele Sammler bestimmt ausgesprochen attraktiv. Beachten Sie die spitz zulaufenden Außenstiche auf der Nase.**

RECHTS **Prachtvoller Bär (um 1960, 70 cm) aus Wolle und Synthetikplüsch. Beachten Sie das Etikett auf der rechten Fußsohle.**

EMIL TOYS (ENDE DER DREIßIGER JAHRE)

Die Teddybären dieses Herstellers sahen den Bären von Joy Toys bemerkenswert ähnlich, allerdings scheint es bei Emil Toys Bären nie irgendein Krallenmuster zu geben.

▮ Achten Sie auf das Etikett auf dem Rücken oder Arm mit dem Großbuchstaben E mit einem Teddybären darauf.

JAKAS (1954)

Jakas hatte den Stammsitz in Melbourne und begann mit der Bärenproduktion im Jahr 1954. Gewöhnlich verwandte es ein Etikett mit schwarzer Druckschrift auf rehfarbener Seide, das auf die rechte Fußsohle genäht war.

JOY TOYS PTY (SPÄTE ZWANZIGER JAHRE)

Nach dem Krieg orientierte sich auch Joy Toys immer noch an den Entwürfen britischer Produzenten.

▮ Obwohl man vorher Mohairplüsch im Überfluß verwandt hatte, ersetzte man diesen jetzt mehr und mehr durch billigen, synthetischen Plüsch. Auch die weiche Baumwollstopfung wurde zugunsten einer Füllung aus Schaumstoff aufgegeben. Leider ist Schaumstoff nicht formstabil und bröckelt leicht.

▮ Sowohl die spitz zulaufende Nase mit Außenstichen als auch das weiße Etikett mit grüner Druckschrift wurden von Joy Toys nach dem Krieg beibehalten.

UNTEN **Ein typisch australischer Bär von Joy Toys. Er stammt aus den sechziger Jahren, mißt 38 cm und ist mit Schaumgummi gefüllt.**

LINDEE TOYS (ENDE DER VIERZIGER JAHRE)
Die Firma wurde in den letzten Kriegsjahren in Sydney gegründet, sie produzierte eine Vielfalt typisch australischer Teddybären.
▮ In den ersten Produktionsjahren stellte sie einen musikalischen Bären her mit geformter Hartgumminase und ungewöhnlichen tropfenförmigen Kunstleder-Sohlen.
▮ In die rechte Sohlennaht war das Etikett genäht, roter Aufdruck auf weißer Rehkitz-Kontur mit den Worten »Lindee Toys«.

VERNA (ENDE DER VIERZIGER JAHRE)
Obwohl die Firma im Jahr 1941 gegründet wurde, ist es sehr wahrscheinlich, daß sie aufgrund der Handelsbeschränkungen während des Krieges mit der Bärenmanufaktur erst um 1948 begann.
▮ Verna-Teddybären sind stark von britischen Bären beeinflußt, charakteristisch ist jedoch die bohnenförmige Nase aus Filz.
▮ Für Kopf, Körper und Glieder nahm man geformten Schaumgummi, über den der Stoff gezogen wurde.
▮ Verna-Bären erkennt man an einem weißen Etikett mit roter Stickerei.

Andere bekannte Teddybär-Hersteller dieser Zeit waren L. J. Sterne Doll Co. aus East Malvern, Victoria, und Parker Toys aus Brunswick, Victoria.

OBEN **Ein niedlicher Teddy von Lindee Toys aus den fünfziger Jahren, Größe 51 cm. Beachten Sie die geformte Hartgumminase und die tropfenförmigen Rexin-Sohlen.**

RECHTS **Ein mit Schaumgummi gefüllter Verna-Bär (1950er, 76 cm). Beachten Sie die bohnenförmige, schwarze Filznase und den gestickten Mund.**

WEITERE HERSTELLER

BERG Diese österreichische Firma nahm gleich nach dem Zweiten Weltkrieg die Bärenproduktion auf und versah ihre Plüschtiere mit einem ins Ohr eingenähten Etikett mit Aufschrift »BERG«. Später wurde es in ein rotes, herzförmiges Markenzeichen geändert, das auf die Bärenbrust genäht wurde.

FETCHER Direkt nach dem Zweiten Weltkrieg begann das Unternehmen mit der Bärenproduktion in Graz, Österreich. Typisch für alle Teddys ihres Programms war der offene Mund. Die Bären erkennt man außerdem an einem mächtigen, runden Kopf, eingesetzter Schnauze und riesigen Ohren, die oben auf dem Kopf sitzen und gewöhnlich andersfarbige Ohrmuscheln aufweisen. Das Fetcher-Warenzeichen war außen auf das rechte Bärenohr genäht. Oft wurden den Teddys rote Augen eingesetzt.

MUTZLI (M.C.Z.) Diese Schweizer Firma mit Sitz in Zürich stellte eine breite Palette an Teddybären her, die den deutschen Bären im Aussehen sehr ähneln. Das Unternehmen verwandte einen runden, roten Blechknopf mit dem Emblem eines Teddybären und darauf »Mutzli M.C.Z.«. Soweit uns bekannt, waren Felpa AG und Mutzli ein und dasselbe Unternehmen.

Die Epoche der limitierten Editionen

Kapitel 4

Nach fast zwei Jahrzehnten — den sechziger und siebziger Jahren —, in denen nur wenige für den Sammler interessante Bären auf den Markt kamen, leitete das Jahr 1980 eine neue und aufregende Epoche ein. Wieder dominierte die Firma Margarete Steiff GmbH und gewann ihre führende Position zurück.

LINKS **Einer der besten zeitgenössischen Steiffbären — erstes Exemplar der British Collector's Serie — ist die Replik (1989) eines Teddybären aus dem Jahr 1907 (Größe 61 cm).**

OBEN **Ein komplettes Set der entzückenden 1909-Repliken, die Steiff zwischen 1983 und 1988 herausgab. Die kleinen und großen Teddys wurden nur für die USA hergestellt.**

RECHTS **Dieser wunderschöne Mohairplüsch-Bär von Little Folk aus dem Jahr 1982 (Größe 56 cm) wurde nur ungefähr zwei Jahre lang produziert. Er ist auch in 30-cm-Größe erhältlich.**

Auf limitierte Editionen spezialisierte Hersteller

USA

Bearly There Inc. (1976)
Das Unternehmen wurde 1976 von Linda Spiegel Lohre gegründet; die Originalbären waren eher traditioneller Art, seit ca. 1985 zeigen sie jedoch große Ähnlichkeit mit den »Künstler«-Bären. Teddys von Bearly There sind nach wie vor auf der ganzen Welt außerordentlich beliebt.

North American Bear Co. (1979)
Barbara Isenberg gründete die Firma im Jahr 1979, aber erst die Einführung der V.I.B. Serie (Very Important Bear) im Jahr 1980 weckte das Interesse der Sammler. Diese Teddybären wurden nach berühmten Persönlichkeiten entworfen: so entstanden Emilia Bearheart, Abearheim Lincoln, Bearlie Chaplin, Bearilyn Monroe und Elizabear Taylor mit Richard Bearton, basierend auf dem Film *Cleopatra*.

▪ Im Jahr 1983 produzierte die Firma die Edition »Hug«, nach dem berühmten Cartoon-Bären von Ted Menten.

▪ Weitere sehr erfolgreiche Teddy-Modelle waren »Vanderbear« und »Muffy«.

▪ Anfangs gefielen die Teddys nur amerikanischen Sammlern, heute werden sie auch in anderen Ländern geschätzt.

Robert Raikes Originals (1982)
Diese niedlichen und lustigen Petze erkennt man sofort an ihrem holzgeschnitzten Gesicht.

▪ Robert Raikes fertigte höchstpersönlich im Jahr 1982 die ersten Bären an, seit ungefähr 1984 läßt er seine Entwürfe von der Firma Applause produzieren.

▪ Teddys aus der Zeit davor, gehören zu den gefragtesten zeitgenössischen Bären, und Raikes erfreut sich einer riesigen Anhängerschaft. Aber auch die allerersten Applause-Bären sind sehr gesucht (die erste Auflage von 7.500 Teddys war innerhalb von drei Wochen ausverkauft).

▪ Die begehrtesten der von Raikes selbst angefertigten Original-Bären sind der erste Teddy mit dem schlichten Namen »Woody Bear« und die folgenden Entwürfe »Panda Woody Bear« und »Tyrone Woody Bear« (ein Schotte), sie kosten aber auch ziemlich viel.

▪ Zu der ersten auf 7.500 Bären limitierten Serie von Applause vom Herbst 1985 gehören Sebastian (5445), Huckle Bear (5446), Rebecca (5447), Bentley (5448), Eric (5449) und Chelsea (5551).

Grossbritannien

Canterbury Bears (1981)
John und Maude Blackburn begannen mit der Bären-Produktion im Jahr 1981; im Lauf der Zeit entwickelte sich der kleine Familienbetrieb zu einem mittelgroßen Unternehmen. Canterbury produziert in großem Umfang Standard-Teddybären sowie limitierte Auflagen speziell für Sammler. Alle Teddybären werden von Leuten handgearbeitet, die mit Leidenschaft ihr Handwerk betreiben.

▪ Den Blackburns liegen typisch amerikanische Bären am Herzen. Seit 1991 produ-zieren sie zusammen mit der amerikanischen Firma Gund Inc. eine ganz besondere Serie limitierter Sammler-Auflagen für die USA.

OBEN **»Rosie« von Canterbury Bears aus dem Jahr 1993. Sie wurde von Maude und John Blackburn entworfen, zwei führenden Designern besonderer Editionen und Standardserien. Die Bärendame mißt 53 cm.**

RECHTS **»Hug« von der North American Bear Co. wurde von Ted Menten entworfen und mißt 47 cm. Er gehört zu den ersten erfolgreichen Teddys der Firma — um 1983.**

OBEN **Der Jubiläumsbär zum zehnjährigen Bestehen der Firma Canterbury Bear (100/500) aus dem Jahr 1991 (58 cm) umarmt die Sonderauflage »Swallow« (1/25, 1993, 60 cm).**

DEANS RAG BOOK CO. LTD. (1915), HEUTE DEANS COMPANY (1903)

Produziert seit 1981 Teddybären für die USA, die Norman Rockwells Zeichnungen nachempfunden sind. Die Firma stellt auch heute noch Bären von Sammlerwert her; im Lauf der letzten Jahre hat sich ihr Programm erheblich verbessert.

LITTLE FOLK (1980)

Bereits im Gründungsjahr 1980 exportierte die Firma den größten Teil ihrer Teddybären in die USA. Für die allerersten Entwürfe verwandte man Mohairplüsch, da Bären aus diesem Material aber zu teuer wurden, führte man um 1982 billigeren Acrylplüsch ein. Diese Serie wird noch heute produziert und ist sehr gefragt.

▮ Auch eine auf 2000 Exemplare limitierte Auflage des Teddybären Sebastian (1987) und die 500er-Auflage von Jonathan (1990) waren hauptsächlich für den Sammlermarkt bestimmt. In unserem Herzen nehmen Little-Folk-Bären einen ganz besonderen Platz ein — es waren die ersten zeitgenössischen Bären, die wir jemals in unserem Geschäft angeboten haben.

MERRYTHOUGHT LTD. (1930)

Im Jahr 1982 entschied sich Merrythought für eine Teddybären-Serie mit limitierter Stückzahl für den USA-Markt, die sich im Großen und Ganzen am alten Firmendesign orientierte. Vor kurzem kamen etliche neue Entwürfe hinzu, darunter von John Axe (Autor von *The Magic of Merrythought*) inspirierte Teddybären und Petze nach den Zeichnungen der englischen Illustratorin Prue Theobalds.

LINKS **Dieser nett gekleidete Plüschbär »heading for the hills« (»Auf in die Berge«) ist das Ergebnis einer Zusammenarbeit zwischen Lakeland Bears (Design des Outfits) und Little Folk, um 1991. Der Teddy ist 60 cm groß.**

HOUSE OF NISBET (1978)

Von allen zeitgenössischen Herstellern ist House of Nisbet unter Leitung von Jack Wilson wohl der experimentierfreudigste. Dieser unterhielt eine außerordentlich fruchtbare Geschäftsverbindung mit dem phänomenalen Peter Bull, die in der Einführung der »Bully Bear«-Serie und der Edition von zwölf »Zodiac«-Bären nach einem Buch von Pauline McMillan und Peter Bull gipfelte. Die Welt der Teddybären erlitt einen herben Verlust, als Jack im Jahr 1989 zurücktrat und das House of Nisbet von Dakin übernommen wurde.

▮ »Delicatessen« (»Aloysius«), ein anderer Bär von Peter Bull, läßt sich mit keinem anderen Teddybären vergleichen. Übrigens verdanken wir diesem Teddy die Einführung von antik wirkendem, abgewetztem Mohairplüsch, den Bärenkünstler seitdem so gern verwenden.

OBEN **»Delicatessen« (Nr. 1031 von 2500) von House of Nisbet, um 1987, Größe 63 cm. Exemplare dieser limitierten Auflage sind heute recht schwer zu finden und eine Bereicherung jeder Sammlung.**

Die Nisbet-Jubiläumsserie

Hedda Hair aus dem Jahr 1989 (40 cm)

Folgende Teddybären aus der Nisbet-Jubiläumsserie waren auf je 5000 Exemplare limitiert:

»Yetta«, »Eric-Jon«, »Maybe« und »Wizard« von Carol-Lynn Rössell Waugh; »Little Brown« von Johnny Gruelle; »Pearly King« von Doris und Terry Michaud; »Uncle Wiggily« von Mabel R. Garis; »Bellhop« und »Clown« von April Whitcomb; »Ja/Nein Bär« nach dem Schuco-Modell; »Sir Freddie Farthing« von Ted Menten; »Precious the Paper Doll« von Peggy Jo Rosamond; »Mr. Do-it-all« von Linda Mullins; »Hedda Hair« von Lillian Rohaly; »Anything« von Rosemary Volpp; »Theodore B. Bear« und »Victoria Bear«, beide von Beverley Port; »Red Mittens« von Pat Schoonmaker; »Grinnee Bearit« von Lucy Major; »Gyles« von Gyles Brandreth; »Drum Major« von Dee Hockenberry; und »Bentley« von Dakin.

Obwohl er im Nisbet-Katalog von 1990 steht, wurde der Teddybär »Jim Ownby Tribute« von Peggy Maxwell anscheinend nie produziert.

▒ Mit der »Nisbet Celebrity«-Kollektion gelang dem geschäftstüchtigen Jack ein kluger Schachzug. Er hatte schnell erkannt, daß zu der rapide anwachsenden Gemeinschaft der Teddybärsammler auch noch andere »Berühmtheiten« gehörten. Im Jahr 1987 ermunterte er bekannte Persönlichkeiten, sich ihren »persönlichen« Teddy anfertigen zu lassen, oder bat Künstler, einen ganz besonderen Teddybären zu entwerfen.

Deutschland

Gebrüder Hermann (1911)

Seit jeher zählt der kleine Familienbetrieb zu den führenden Herstellern; im Jahr 1984 erschien auch er auf dem Markt der Bären-Besonderheiten. Wie viele andere etablierte Unternehmen stellte Hermann Neuauflagen früherer Modelle her, was von Sammlern in aller Welt freudig begrüßt wurde.

▒ Am bekanntesten sind wohl: »Jubiläums«-Bär (1986), »Designer«-Bär (1991), »Berliner Mauer«-Bär (1991) und »Wiedervereinigungs«-Bär (1991).

OBEN **Replik der limitierten Edition eines Teddybären aus den dreißiger Jahren von Gebrüder Hermann. Zur Erinnerung an Helen Sieverling, die sich um das Teddybärensammeln verdient gemacht hat.**

UNTEN **Der »Designer«-Bär, 1991, Größe 57 cm, zeigt Persönlichkeit und Qualität aller Teddys der limitierten Editionen von Gebrüder Hermann.**

MARGARETE STEIFF (1903)
Der allgemeine Wunsch nach neuen Modellen und die Bedrohung durch billige Importware veranlaßten das Unternehmen, zur Hundertjahrfeier im Jahr 1980 eine neue Teddybären-Edition herauszubringen. Sie war so erfolgreich, daß die Firma anfing, ihre Originalbären mit modernen Materialien so getreu wie möglich zu reproduzieren. Übrigens werden die alten Teddys in dem im selben Jahr eröffneten Steiff-Museum aufbewahrt.

▮ Regelmäßig stellte Steiff exklusive limitierte Auflagen für große Warenhäuser in der ganzen Welt her, außerdem für jährlich stattfindende Tagungen in Disneyworld und Disneyland.

▮ Viele, aber längst nicht alle Steiff-Teddybär-Repliken sind im Wert gestiegen, einige beträchtlich — für manchen Sammler mag das ein Anreiz sein.

▮ Es gibt so viele limitierte Auflagen, daß wir auf Seite 45 eine detaillierte Liste aller Steiff-Produktionen mit dem weißen Etikett bis 1993 vorstellen. Natürlich finden sich unter den Standardausführungen mit dem gelben Etikett wirklich wunderschöne Bären, wir können sie aber unmöglich alle aufführen.

▮ Viele dieser Teddys sind von hohem Sammlerwert und einige ganz schön teuer; am lohnendsten für den Sammler sind der frühe »Mr. Cinnamon«-Bär, den es in drei Größen gab, und der »Margaret Strong«-Bär aus der Mitte der achtziger Jahre.

RECHTS **Größerer Steiff-Teddy aus dem Jahr 1993, hergestellt in einer limitierten Edition von 5000 Stück (70 cm).**

UNTEN **Steiff-Replik des weltberühmten »Happy« aus dem Jahr 1990, der 1926 im Neuzustand wohl genau so ausgesehen hat (Größe 65 cm).**

UNTEN **Einer der in fünf Größen (unlimitiert) hergestellten, goldfarbenen Teddys »Margaret Strong«, die Steiff im Jahr 1982 vorstellte (60 cm).**

Limitierte Teddybär-Auflagen der Firma Steiff

OBEN **»Jubiläumsbär« oder »Papa Bär« aus der ersten zeitgenössischen, limitierten Edition aus dem Jahr 1980 (Größe 43 cm).**

Schlüssel für den Seltenheitsfaktor

1—3 gegenwärtig erhältlich und leicht zu finden
4—5 relativ leicht zu finden
6—8 relativ schwer zu finden
9—10 sehr selten und teuer

BEACHTEN SIE: Bis 1991 standen die letzten beiden Nummern des Produktcodes für die Größe in cm. Danach wurde die EAN-Nummer, ein europäischer Standard, eingeführt.

o.J. = ohne Jahresangabe W/W = weltweit

Produktionsjahr Original	Produktionsjahr Replik	Replik Produkt-Code	Beschreibung	Anzahl	Seltenheitsfaktor
1903	1980	0153/43	Jubiläums-Bär, allgemein bekannt als Papa Bär	11 000 W/W (6000 mit deutschem Zertifikat und 5000 für die USA mit englischem Zertifikat)	9—10
1903	1981	0155/38	Mama- und Baby-Set (Mama 40 cm, Baby 15 cm)	8000 USA	9
o.J.	1982	0203/00	Original-Teddy weisses Set	2000 USA	9
o.J.	1982	0204/17	Tea Party Set (4 bekleidete Bären mit Teeservice und Szenerie)	10 000 USA	6—7
1905	1982/83	0150/32	Grauer Richard Steiff-Teddy	nicht numeriert, ohne Zertifikat, mit anhängendem, signiertem Büchlein. Schätzungsweise 11 000 bis 20 000 W/W	8
o.J.	1983	0210/22	Teddy Roosevelt-Gedenk-Set oder Nimrod (4 kleine und bekleidete Bären mit Szenerie)	10 000 USA (Achtung: Viele Sets oder Lagerfeuer wurden aufgelöst, die Teddys einzeln verkauft)	7
1904	1983	0160/00	Margaret Strong Chocolate Set (4 verschiedene Bären 18 cm, 26 cm, 32 cm und 42 cm)	2000 USA	8

RECHTS **»Circus Dolly« aus dem Jahr 1987 wurde in vier Farben produziert. Der Teddy wurde zuerst in den USA, dann in der übrigen Welt vertrieben.**

LINKS **»Dicky« wurde im Jahr 1985 in einer sehr großen limitierten Edition von 20 000 Stück produziert, trotzdem steigt sein Sammlerwert (Größe 32 cm).**

RECHTS **Der reizende »Teddy Clown« wurde im Jahr 1986 hergestellt und mißt 32 cm. Wie alle Sammlerbären von Steiff ist er aus feinstem Mohairplüsch handgearbeitet.**

OBEN **Der kleine graue »Richard Steiff« von 1982/83 (32 cm). Er basiert auf dem Prototyp von Richard Steiff und ist bei Sammlern der große Renner.**

Produktionsjahr Original	Produktionsjahr Replik	Replik Produkt-Code	Beschreibung	Anzahl	Seltenheitsfaktor
1904	1984	0156/00	Margaret Strong Cinnamon Set (4 verschiedene Bären 18 cm, 26 cm, 32 cm und 42 cm)	2000 USA	8—9
1894	1984	0082/20	Stehaufbär	9000 W/W	4—5
1906	1984	0162/00	Giengen Teddy Set (Mutter 32 cm, mit Baby in der Wiege 10 cm)	16 000 W/W	6—7
o.J.	1984	4003 (Großes Set)	Goldilocks & 3 Bears, (Goldlöckchen und die 3 Bären) Papa Bär 33 cm, Mama 30 cm, Baby 24 cm. Puppe von Susan Gibson	2000 USA	7
o.J.	1984	0225/42	Ophelia Teddy aus *Ophelia's World* von Michelle Durkson-Clise	USA, zeitlich limitierte Produktion (Achtung: Knopf, aber kein Etikett)	7
1930	1985	0172/32	Dicky-Bär	20 000 W/W	6
1905	1985	0085/12	Bär auf Rädern	12 000 W/W	5
o.J.	1985	4004 (Kleines Set)	Goldilocks & 3 Bears Papa Bär 23 cm, Mama 18 cm, Baby 12,5 cm und Puppe	5000 USA	6—7
1904	1985	0158/25 0158/31 0158/41	Margaret Strong, weiss (Ledersohlen) (Ledersohlen) (Ledersohlen)	2000 USA	8
1904	1986	0158/50	Margaret Strong, weiß (Ledersohlen) groß	750 USA	9—10
1926	1986	0170/32	Teddy Clown	10 000 W/W	7
1953	1986/87	0190/25	Jackie-Bär (mittelgroß)	10 000 W/W	6—7
1913	1987	 0164/31 0164/32 0164/33 0164/30	Circus Dolly Bears gelb grün violett hellgelb (Achtung: blau und rot stehen auch im Katalog, wurden aber nicht produziert)	ursprünglich 5000 USA, dann W/W	 6—7 6 6 9

UNTEN **»Teddy Rose«, eine Replik mit Mittelnaht, wurde im Jahr 1987 hergestellt und mißt 41 cm. Unter den Sammlern hat sie viele Fans.**

RECHTS **»Jackie«, eine Reproduktion des Jubiläumsbären von 1953, wurde zuerst im Jahr 1988 hergestellt und wird hier in allen bis heute produzierten Größen gezeigt.**

Produktionsjahr Original	Produktionsjahr Replik	Replik Produkt-Code	Beschreibung	Anzahl	Seltenheitsfaktor
1905	1987	0163/19	Teddy Clown Jr.	3000 USA mit weißem Etikett (Achtung: Es wurden noch 2000 mit gelbem Etikett herausgegeben)	8—9
1925	1987	0171/41	Teddy Rose	10 000 W/W	6—7
1907	1987	0227/33	Schnuffy	zeitlich limitierte Produktion für USA, später ca. 300 nach Großbritannien (unbekleidet) (Achtung: Knopf, kein Etikett)	7
o.J.	1987	0131/00	Three Bears in a Tub (3 Bären im Bottich) Metzger, Bäker und Kerzenmacher im Bottich	1800 USA	7—8
o.J.	1988	0227/33	Baby Ophelia	nicht festgelegte Limitierung für USA. Nur *Knopf* im Ohr.	6
o.J.	1988	0120/10	Bear Bandsman (Zirkus-Serie)	5000 USA	5—6

Produktionsjahr Original	Produktionsjahr Replik	Replik Produkt-Code	Beschreibung	Anzahl	Seltenheitsfaktor
1953	1988	0190/35	Jackie-Bär (groß)	4000	5—6
1908	1988	0155/18	Stehaufbär	3000 USA	7
1908	1988	0174/46	White Muzzle Bear (mittelgroß)	5000 USA	7—8
1907	1988	0173/40	Teddybär schwarz (mit Ledernase)	4000 W/W	8—9
1924	1988	0132/24	Wigwam mit Teddybären 2 kleine Bären und fahrbare Wippe	4000 W/W	5—6
1907	1989	0174/61	British Collector's-Serie-Bär (Nr. 1)	2000 Großbritannien	9—10
1939	1989	0135/20	Baby-Bär auf Wagen	4000 W/W	4—5
1931	1989	0130/28	Bear on all Fours (Teddy auf allen Vieren)	4000 USA	6
1908	1989 Neuauflage 1991 (USA)	0158/17	Druckknopf-Teddy	5000 W/W	5—6
o.J.	1989	0175/19	Teddy Bear Ringmaster (Zirkusdirektor-Teddy)	7000 USA	4—5
o.J.	1989	0163/20	Clown Teddy (Zirkus-Serie)	5000 USA	5

LINKS **Dieser schwarze Bär (aus dem Jahr 1987) machte in England Furore, aufgrund der geringen Stückzahl verdreifachte sich sein Preis innerhalb eines Jahres (Größe 40 cm).**

UNTEN **Der »Druckknopf«-Teddy von 1989 mißt 17 cm.**

LINKS **Die messingfarbene »Petsy«-Replik wurde im Jahr 1989 herausgegeben und mißt 35 cm.**

RECHTS **Eine Reproduktion des blauäugigen »Zweifarbigen Petsy« aus dem Jahr 1989. Der Teddy ist 50 cm groß.**

Produktionsjahr Original	Produktionsjahr Replik	Replik Produkt-Code	Beschreibung	Anzahl	Seltenheitsfaktor
1927	1989	0181/35	Petsy, messingfarben	5000 W/W	6
1953	1989	0190/17	Jackie-Bär	12 000 W/W	4
1927	1989	0180/50	Zweifarbiger Petsy mit Mittelnaht	5000 USA	6—7
1908	1989	0174/60	Bär mit Maulkorb, weiss (groß)	2650 USA	9—10
1908	1990	0174/35	Bär mit Maulkorb, weiss (klein)	6000 W/W	5
1926	1990	0169/65	Happy Anniversary-Replik	5000 W/W	8—9
1925	1990	0171/25	Teddy Rose (klein)	8000 W/W	5
o.J.	1990	0177/19	Teddy Baby Food Vendor (Teddy-Baby-Lebensmittel-Verkäufer, Zirkus-Serie)	5000 USA	4—5
1955	1990	0188/25	Teddy mit Halsmechanik	4000 W/W	5—6
1909	1990	0164/29	Purzelbaumschlagender Bär	5000 W/W	6—7
1906	1990	0174/33	British Collector's-Serie-Bär (Nr. 2)	3000 Großbritannien	5—6
1913	1990	0116/25	Rekord-Teddy (auf Rädern)	4000 W/W	7—8
o.J.	1991	650529 (EAN)	Teddy Baby Ticket Seller (Zirkus-Serie)	5000 USA	4—5
1903	1991	404108 (EAN)	35PB-Replik (50 cm, in den USA oft als *Bärle* beschrieben)	6000 W/W	8

Produktionsjahr Original	Replik	**EAN-Nummer**	**Beschreibung**	**Anzahl**	**Seltenheitsfaktor**
1926	1991	407215	Baby Happy Anniversary (40 cm, Achtung: Auf dem Karton fälschlicherweise Auflage mit 5000 bezeichnet, Zertifikat jedoch korrekt.)	6000 W/W	4—5
1912	1991	406096	British Collector's-Serie-Bär schwarz (Nr. 3, 33 cm)	3000 Großbritannien	5—6
1908	1991	406119	Dunkelbrauner Teddy mit Maulkorb (35 cm)	5000 USA	4—5
1913	1991	400704	Rekord-Teddy Rose (auf Rädern)	4000 W/W	3—4
1931	1991	408113	Yellow Teddy Baby (Gelbes Teddy-Baby, 15 cm)	5000 USA	4
1931	1991	408114	Yellow Teddy Baby (32 cm)	5000 USA (kurz darauf nach Großbritannien)	4
o.J.	1991	650529	Teddy Baby Ticket Seller (Zirkus-Serie)	5000 USA	4
1930er Jahre	1991	606106	Teddy Baby Uhren-Set (1. Auflage Bär und 13 Armbanduhren)	2000 W/W	8 komplettes Set
1930er Jahre	1992	606304	Teddy Baby Uhren-Set (2. Auflage Bär und 13 Armbanduhren)	4000 W/W	6—7

LINKS **Die Gruppe weißer Teddybären mit Maulkorb kam zwischen 1988 und 1990 heraus. Der größte Bär (60 cm) ist außerordentlich selten. Die anderen sind 35 cm und 46 cm groß. Die meisten Sammler entfernen die Maulkörbe.**

RECHTS **Die 35PB-Replik wurde 1991 herausgegeben. Der Teddy hat Schnurgelenke und eine Siegellacknase (Größe 50 cm).**

UNTEN **Der purzelbaumschlagende oder »Purzel«-Teddybär kam im Jahr 1990 heraus und mißt 29 cm. Er funktioniert durch einen Aufzieh-Mechanismus.**

LINKS **Die British Collector's-Serie gibt wunderschöne Teddybären heraus. Dieser braune Petz stammt aus dem Jahr 1993 (Größe 60 cm).**

RECHTS **Noch ein Teddy aus der British Collector's-Serie aus dem Jahr 1992 (Größe 40 cm).**

Produktionsjahr Original	Replik	EAN-Nummer	Beschreibung	Anzahl	Seltenheitsfaktor
1911	1992	406645	British Collector's-Serie-Bär weiss (Nr. 4) (in England auch als *Louise* bezeichnet, 40 cm)	3000 Großbritannien	4—5
1928	1992	407482	Musik-Teddy, gelb (40 cm)	8000 W/W	3—4
1930	1992	407550	Dicky Bär, weiss (25 cm)	9000 W/W	3
1930	1992	407574	Dicky Bär, weiss (33 cm)	7000 W/W	3
1912	1992	406805	Kleiner schwarzer Bär (40 cm)	7000 W/W	3—4
1912	1992	406774	»Otto«, 1. Auflage New USA Collector's Special (40 cm)	5000 USA	3—4
1974	1992	400872	Bär mit Wippe und Affe (auf Rädern)	4000 W/W	3
o.J.	1992	038006 (WO38006)	Arche Noah mit Herrn und Frau Noah (20 cm) mit Bambus-Arche (Achtung: in den USAalternativ mit Holz-Arche)	8000 W/W	4
1905	1993	404207	Bärle 35PAB (35 cm)	6000 W/W	3—4
1926	1993	400919	Ur-Teddy (20 cm)	4000 W/W	1

Produktionsjahr Original	Replik	EAN-Nummer	Beschreibung	Anzahl	Seltenheitsfaktor
1951	1993	408458	Musik-Teddy (35 cm)	5000 W/W	2
1907	1993	406010	Brauner Teddybär 1907 (70 cm)	5000 W/W	4—5
1930	1993	407512	Teddy-Baby Mädchen, bekleidet	7000 W/W	1
1930	1993	407529	Teddy-Baby Junge, bekleidet	2000 W/W	1
1907	1993	406065	British Collector's-Serie großer brauner Bär (Nr. 5, 60 cm)	3000 W/W	4
1903	1993	650574	Alice, 2. Auflage, USA Special Collector's Series	5000 W/W	3
o.J.	1993	038327	Bären-Set für Arche-Serie (2 Bären)	8000 W/W	2
1929	1992/93	420016	1. Auflage Steiff Club-Bär Blaues Teddy Baby (28 cm)	ca. 7500 außerhalb der USA	nur für Steiff-Club-Mitglieder
o.J.	1993/94	420023	2. Auflage Steiff Club-Bär Teddy Clown (28 cm)	außerhalb der USA	nur für Steiff-Club-Mitglieder
o.J.	1993/94	420801	1. Auflage Steiff Club USA Teddy Sam	außerhalb der USA	nur für Steiff-Club-Mitglieder

LINKS **Die erste Auflage für den Steiff Collector's Club der USA war ein Bär namens »Sam« (Größe 28 cm) im Jahr 1994.**

RECHTS **Der Europäische Sammlerclub, gegründet im Jahr 1993, wurde zum großen Erfolg. Das »Blaue Teddy-Baby« (28 cm) wurde exklusiv für Clubmitglieder produziert.**

DIE ZEIT DER TEDDYBÄREN-KÜNSTLER

KAPITEL 5

Bei dem Versuch, den Begriff »Teddybärenkünstler« zu definieren, ergibt sich zwangsläufig ein Problem. Die ganze Thematik ist so umstritten und gefühlsbetont, daß man unweigerlich immer einige Leute vor den Kopf stößt.

Vielleicht unterscheidet sich der echte Teddybärenkünstler von allen anderen Handwerkern oder Bärenherstellern hauptsächlich durch sein Geschick, relativ unbeeinflußt einen Teddybären von einmaliger Qualität und Persönlichkeit zu entwerfen. Das ist nicht in erster Linie eine Frage von handwerklichem Können, so erstrebenswert dies auch sein mag. Das Design muß Originalität zeigen, verbunden mit klaren ästhetischen Qualitäten und Stil.

Kompetente Bärenhersteller gibt es viele, und ihre Produkte sind solide und gewissenhaft verarbeitet, aber es will ihnen

LINKS **Deborah Canham gehört zu den begabtesten Bärenkünstlerinnen Großbritanniens: putzige Zirkusbären (5 cm, 1993) .**

RECHTS **Jo Greeno schuf im Jahr 1993 »Miss Marple« nach der berühmten Detektivin von Agatha Christie (Größe 48 cm). Jo ist auf Charaktere vergangener Zeiten spezialisiert, in kleiner Auflage oder als Unikate .**

LINKS **»Wizard« von Brenda Dewey (USA), um 1993. Der Bär mißt 13 cm und ist ein typisches Beispiel für ihren Phantasie-Stil. Größe und Charaktere variieren bei diesen Teddys, die normalerweise in limitierter Auflage oder als Unikate erscheinen.**

LINKS **»Lady Margaret« (Größe 84 cm) wurde von einer der bedeutendsten Bärenkünstlerinnen Amerikas, Marcia Sibol im Jahr 1991 eigens für die Autoren dieses Buches angefertigt. Sie schreibt die Klatschspalte für die *Teddy Bear Times*!**

RECHTS **Diane Gard (USA) gestaltete »Billy Ray« nach einem amerikanischen Football-Helden. Er wurde exklusiv für die *1992 Walt Disney World Doll and Teddy Bear Convention* hergestellt.**

OBEN **Janet Clark macht seit drei Jahren Teddy's und gehört zu den besten Künstlerinnen Großbritanniens: »Loving« (1994).**

RECHTS **»Bearlin the White Wizard« von Kathryn Riley (1993). Er ist die dritte Teddybären-Kreation der Künstlerin!**

einfach nicht gelingen, einen Teddy zum Leben zu erwecken, oder, wie unser alter Freund Steve Schutt oft sagt, »dem Bären eine Seele einzuhauchen«. Ein solcher Teddybär muß auf den ersten Blick als Werk eines bestimmten Künstlers zu erkennen sein, so wie ein Gemälde von Van Gogh von einem Bild unserer alten Tante Mabel zu unterscheiden ist.

Künstler müssen innovativ sein, sonst werden ihre Bären trivial, und nicht beseelte Persönlichkeiten, die uns sofort gefangennehmen. Der wahre Teddybärenkünstler verfügt über ein breitgefächertes Repertoire, geht Risiken ein und fürchtet sich nicht, mit Konventionen zu brechen. Sein Instinkt leitet ihn, alles zu wagen — vom klassischen zum drolligen und manchmal auch ungewöhnlichen Design. Er experimentiert mit neuen Materialien, Techniken oder Konzeptionen, und variiert ständig seine Entwürfe, ist aber selten ganz zufrieden mit dem Ergebnis.

Wo beginnt die Teddybärenkunst? Die eigentlichen Ursprünge liegen ziemlich im Dunkeln. Allerdings brauchen wir nur in die Vereinigten Staaten der siebziger Jahre zurückzukehren: Dort finden wir die führenden Köpfe und echten Pioniere der Bewegung.

Viele der allerersten Bären-Kunsthandwerker und ihre Nachfolger standen weitgehend unter dem Einfluß von zwei Engländern — Margaret Hutchings, Journalistin bei einer der führenden Zeitungen Großbritanniens, die im Jahr 1964 das Standardwerk der Teddybärenherstellung *The Book of the Teddy Bear* schrieb, und natürlich Peter Bull.

LINKS **»Marisa Bearensen« von Diane Gard aus dem Jahr 1988 (Größe 60 cm). Sie wurde für Ted Mentens Parodie auf die Modezeitschrift *Harper's Bazaar* hergestellt. »Marisa« trägt ein Abendkleid von Yves St. Bearant.**

RECHTS **»Jenny-Lynn« von Carol-Lynn Rössell Waugh (USA) aus dem Jahr 1993 (Größe 50 cm). Carol-Lynn ist nicht nur eine der führenden Künstlerinnen, sondern auch eine produktive Schriftstellerin und Autorität auf dem Gebiet der Teddybärkunst. Sie entwarf auch Teddybären für bekannte Herstellerfirmen.**

Die erste Teddybärenkünstlerin war die Amerikanerin Beverley Port. Seit den siebziger Jahren unterrichtete sie viele zeitgenössische Teddybärenkünstler und wies ihnen den Weg. Sie hatte sich von allen traditionellen Beschränkungen und Vorurteilen gelöst, die sie als Puppenkünstlerin beeinträchtigten, um sich ganz der Teddybärenherstellung zu widmen. Viele andere fühlten sich durch ihr Beispiel ermutigt. Sie gilt als »Mutter« der Teddybärenkunst.

Im Jahr 1980 verfaßten die Amerikaner Alan und Peggy Bialosky ihr Buch *Teddy Bears Catalogue*, das allen Teddy-Liebhabern neuen Auftrieb gab.

Carol-Lynn Rössell Waugh, selbst ehemalige Puppenherstellerin, gehört zu den ersten Anhängern dieser neuen Teddybären-Bewegung. Als Kunsthistorikerin wurde sie zur bekannten Autorität auf diesem Gebiet: wahrscheinlich prägte sie auch den Begriff »Teddybärenkünstler«. Jahrelang hat sie viel zu diesem Thema geschrieben und damit die Arbeit der Künstler unterstützt, außerdem produzierte sie selbst viele hübsche Bären und fertigte Entwürfe für große Manufakturen an.

Ein anderer Künstler, der unbestreitbar die Bewegung nicht zuletzt mit eigenen Entwürfen beeinflußte, war Ted Menten. Als Fotograf und Autor inspirierte er mit vielen wunderschönen Teddybärbüchern manchen anderen Bärenkünstler. Seine umwerfende Parodie auf *Harper's Bazaar* mit dem Titel *Teddy's Bearzaar* bot den beteiligten Künstlern die einmalige Chance, eigene Bären mit ganz besonderem Charme zu entwerfen. In Anzeigen und Artikeln wurden die Models des Modemagazins durch Teddybären ersetzt, und es entstand ein absolut wunderbares, originelles und lustiges Buch, das dazu beitrug, neue Horizonte zu eröffnen, und, noch wichtiger, das Ansehen der Künstler zu heben und den Sammelwert ihrer Teddybären zu steigern.

OBEN **»Elfinbeary Peach« (14 cm) beweist deutlich Vielseitigkeit und Kreativität von Joan Woessner und bestätigt damit ihren Rang als eine der besten amerikanischen Bärenkünstlerinnen (1992).**

LINKS **Anne Cranshaws (USA) »Casco Bear« (1993, Größe 37 cm) ist ein netter kleiner Bursche, der für *Teddies of the World '93* entworfen wurde.**

RECHTS **»Bear and his Friend Grin it« wurde in limitierter Edition von Karin und Howard Calvin (USA) hergestellt (1988, Größe 38 cm).**

Um 1982/1983 gab es jede Menge ehrgeiziger Leute, die Interesse an der Bärenherstellung fanden, und manch einer erwies sich als begabt und entwicklungsfähig.

Außerdem fing man an, regelmäßig Teddybär-Ausstellungen zu veranstalten, die einer neuen Generation von Bärenproduzenten zur Berühmtheit verhalfen — wahren Künstlern, die außer Kunst nicht nur neue und interessante Designkonzepte zu bieten hatten, sondern auch eine Gruppe oder Gemeinschaft von Gleichgesinnten gründen wollten. Zu den engagiertesten dieser Zunft gehörten Steve Schutt, Diane Gard, Joan Woessner, Anne Cranshaw und Denis Shaw. Sie alle gaben ein Beispiel für Integrität und starke ethische Prinzipien, für Bärenkünstler der folgenden Jahre von unschätzbarem Wert.

Nun galt es sowohl für jene Enthusiasten als auch andere Teddybärenkünstler, mit dem Austausch von Ideen und Können mit Leuten ähnlichen Interesses zu beginnen. Die Bewegung

OBEN **Denis Shaw (USA) verarbeitet in seinen Entwürfen Themen zum Umweltschutz, und »Ursus« aus dem Jahr 1991 sieht aus wie ein richtiger wilder Bär.**

LINKS **»Antique Gray Bear« wurde von Barbara Conley (USA) im Jahr 1993 in traditionellem Stil und konventioneller Arbeitsweise hergestellt (Größe 39 cm).**

RECHTS **Dee Hockenberry (USA), Schöpferin von »Mr. Bruin« (1990, Größe 37 cm), ist eine der weltweit führenden Autoritäten für alte Bären und außerdem eine talentierte Künstlerin.**

OBEN »**Puppeteer**« **wurde 1987 von Betsy Reum (USA) innerhalb einer limitierten Auflage von 100 Bären hergestellt. Die Künstlerin entwirft ungewöhnliche Bäre von hohem Sammlerwert.**

OBEN »**Buster**« **von Brian Beacock (Großbritannien) aus dem Jahr 1987, Größe 50 cm. Dr. Brian kennt man eher als Teddybär-Restaurator, er hat jedoch selbst einige Bären entworfen.**

RECHTS »**Hans-Werner Jäger**« **(Größe 52 cm) stammt von der deutschen Künstlerin Heike Gumpp und beweist Heikes phantastischen Blick für Details.**

OBEN »**Big Friendly Guy**« **wurde von Jo Greeno extra für das Geschäft der Autoren entworfen.**

LINKS »**Ebenezer**«, **ein Entwurf der Neuseeländer Michael und Judy Walton (1993, 50 cm).**

Künstler der südlichen Hemisphäre erlangen allmählich die verdiente Beachtung.

OBEN **»Gerry's Teddy at Play« wurde speziell für die Autoren von Jane Humme aus den Niederlanden im Jahr 1993 entworfen (Größe 7 cm).**

griff rapide um sich, neue und interessante Teddybären wurden zu einer Zeit hergestellt, in der die Sammler im wahrsten Sinn des Wortes nach etwas Neuem gierten, das originell und nicht zu teuer war. Künstler und Sammler fanden zueinander, das ist bis heute so geblieben. Auf diesem Wege breitete sich der Einfluß amerikanischer Teddybärenkünstler auch auf andere Länder aus, besonders auf Großbritannien. Die Niederlande, Deutschland, Australien, Neuseeland und Japan hingegen fangen erst an, eigene Märkte für Künstlerbären zu schaffen.

Bärenkünstler in aller Welt sollten nicht vergessen, daß die amerikanischen Teddybärenkünstler die Richtung wiesen, und dies bei der Arbeit an eigenen Kreationen würdigen. In Großbritannien konnte der Standard der Künstlerbären enorm erhöht werden. Die Arbeiten einiger hochbegabter Künstler lassen sich durchaus mit den amerikanischen Teddys vergleichen; diese Entwicklung läßt sich auch in anderen Ländern beobachten.

Zweifellos ist der Künstlerbär zur Zeit groß in Mode, es hat sich ein riesiger internationaler Markt entwickelt. Dieser ist zur Zeit der bedeutendste Markt der drei in unserem Buch beschriebenen Kategorien (alte Teddybären, zeitgenössische Teddys und Künstlerbären). Zum Teil liegt das an den sehr hohen Preisen für alte Teddys und daran, daß es immer weniger wirklich originelle zeitgenössische Alternativen gibt, die im Verhältnis viel zu teuer sind.

Die immense Bandbreite, Persönlichkeit und Qualität der Künstlerbären kommt den Wünschen des Sammlers von heute offenbar sehr entgegen, einem Sammler, der entschieden gebildeter, informierter, kritikfähiger und anspruchsvoller ist als noch vor zehn Jahren.

OBEN **Dieser nette Kerl namens »Marvin« stammt von der österreichischen Künstlerin Karin Kronsteiner (1993, Größe 70 cm).**

UNTEN **»Marvin the Magician« (1993) von einer der besten Künstlerinnen Großbritanniens — Naomi Laight. Hier demonstriert sie den geschickten Umgang mit historischen Stoffen.**

OBEN **Die britische Künstlerin Maddie Jones fertigte »Algie« aus handgefärbtem Mohairplüsch im Jahr 1993 (Größe 45 cm).**

LINKS **Präzision und Qualität sind in Nancy Crowes (USA) Arbeit vereint. »Sandman« stammt aus dem Jahr 1993 und mißt 38 cm.**

RECHTS **»Amelia Earheart« gehört zu den bekanntesten Bären von Betsy Reum (USA). Amelia mißt 25 cm und wurde im Jahr 1993 hergestellt.**

UNTEN **Die Bären von Rosalie Frischmann (USA) sind sehr gefragt. »Murphy« stammt von 1991 und ist 58 cm groß.**

Überall auf der Welt produzieren nunmehr Künstler Teddybären speziell für Warenhäuser, fertigen limitierte Editionen an, Unikate, aber auch Entwürfe für wohltätige Zwecke sowie Ausstellungsstücke. Für jeden Geschmack und jeden Geldbeutel gibt es eine ungeheure Auswahl an schönen Bären. Von ganz großer Bedeutung ist die Tatsache, daß die meisten Künstler sich weigern, größere Mengen von einem Bärenmodell herzustellen. Die limitierte Auflage steigert natürlich die Aussicht auf zukünftige Wertsteigerung; Bärenunikate und kleine Editionen sind wahrscheinlich die Raritäten zukünftiger Sammlergenerationen. Natürlich kann jeder Bärenhersteller einen einzigen Teddybären auf den Markt bringen, möglicherweise sind es aber nur die Bären von renommierten Künstlern, die sich später als gute Investition erweisen.

Niemand kann allerdings sicher voraussagen, wie die Vorlieben der zukünftigen Generationen von Arctophilen aussehen werden. Darum sollten wir einfach unserer Leidenschaft frönen und Künstlerbären sammeln — ganz gleich, was sie einmal wert sein mögen.

OBEN **Zu den wenigen männlichen Bärenkünstlern Großbritanniens zählt Gregory Gyllenship. Er bevorzugt traditionelle Entwürfe, wie »Alexander« (sitzend) und »Gilbert« (1993, Größe 41 cm).**

OBEN **Noch mehr niedliche Bärengeschöpfe von Dee Hockenberry (USA). Diese hier nennen sich »Timeless Teddys« und sind 30 cm und 36 cm groß. Hergestellt wurden sie im Jahr 1993.**

RECHTS **Janet Clarks (Großbritannien) reizende Bärendame namens »Sophie« entstand für die *Teddies of the World '93 convention* (Größe 56 cm).**

RECHTS **»Debbie«, ein Teenager der fünfziger Jahre und natürlich großer Elvis-Fan! Sie wurde von Diane Gard (USA) im Jahr 1994 in einer limitierten Auflage von zehn Bären hergestellt und mißt 76 cm.**

OBEN **Lynda Graves (Großbritannien) fertigt immer nur eine geringe Anzahl ihrer Bärenpersönlichkeiten an. »Stargazer« wurde im Jahr 1993 in einer limitierten Auflage von drei Exemplaren hergestellt (Größe 41 cm).**

OBEN **Celia Baham (USA) ist eine produktive Künstlerin mit sehr viel Phantasie. Der »Roosevelt Bär« auf der Abbildung stammt aus ihrer zweiten Edition. Er wurde im Jahr 1993 produziert und mißt 46 cm.**

OBEN **Sue Quinns Popularität hat sich von ihrem Heimatland Großbritannien auch auf die übrige Welt ausgebreitet. »Sugar Plum Bear« stammt von 1993 und mißt 33 cm.**

OBEN **Billee Henderson (USA) ist preisgekrönte Teddybär-Designerin und ist in etlichen Stilrichtungen zu Hause. »James«, ein traditioneller Teddy, stammt aus dem Jahr 1993.**

OBEN **Die hübschen Clowns mit Namen »Cornetto« und »Pauro« wurden von Shirley Latimer (Großbritannien) im Jahr 1993 angefertigt. Sie sind 38 cm und 9 cm groß.**

OBEN **Bevor sie ihr Talent für Künstlerbären entdeckte, arbeitete Pam Howells (Großbritannien) als Designerin bei Chiltern. »Charlotte«, 1993, 58 cm.**

OBEN **Die Amerikanerin Ena Hammond kreiert sehr charakteristische Bärenpersönlichkeiten, wie »Woolly Bear« aus dem Jahr 1991. Er ist 30 cm groß.**

OBEN **Teresa Rowe gehört zu den kommenden Künstlerinnen in Großbritannien. »Mad Hatter«, eine Figur aus *Alice im Wunderland*, von 1994, 30,5 cm.**

OBEN **Kathy Wallace (USA) fertigt seit 1982 Teddybären an. Ihre Entwürfe sind traditionell und haben viel Charme. »German Gold« mißt 62 cm (1991).**

OBEN **Anne Inman (USA) ist bekannt für innovative Ideen. »Strawberries and Cream« (»Erdbeeren und Sahne«) ist mit Duftkügelchen gefüllt! Die Teddydame wurde im Jahr 1993 hergestellt (Größe 48 cm).**

OBEN **»The Strawberry Picker« (Die Erdbeerpflückerin) von Linda Edwards (Großbritannien) ist ein Pracht-Arrangement aus dem Jahr 1993, Größe 43 cm.**

OBEN **Diese Bären in traditionellem Gewand »Sumo Bear Yokozuna« und »Kimono« stammen von der japanischen Künstlerin Terumi Nishiyama (1993, Größe 13 cm).**

LINKS **»Huxley« von Denis Shaw (USA), ein reizender Bursche wie aus dem richtigen Bärenleben. Er wurde im Jahr 1993 hergestellt und mißt 24 cm.**

RECHTS **»Emmett« ist ein Teil der wundervollen Bedy-By-Serie von Steve Schutt. Sehr typisch sind die langen Gliedmaßen (1991, Größe 37 cm).**

OBEN **»Fleur« und »Ice Crystal« von einer aufstrebenden Miniatur-Künstlerin in Großbritannien, Louise Peers.**
Die Winzlinge wurden 1993 hergestellt und sind 8 cm groß.

OBEN **Qualität und Details dieser bemerkenswerten Bärendame von Marcia Sibol (USA) sprechen für sich selbst. »Jenny« stammt aus dem Jahr 1991 und ist 37 cm groß.**

OBEN **»Mother and Baby« (6/15 cm) von Grandma Lynn Lumley (USA), um 1993. Sie gewann den Toby Award und hat sich auf kostümierte Bären von 10 cm bis 18 cm spezialisiert.**

OBEN **Janet Reeves gehört zu den erfolgreichsten Teddybärenkünstlern Amerikas, und ihre Petze sind auf der ganzen Welt gefragt. »Miss Hildegard« stammt aus dem Jahr 1993 und mißt 44,5 cm.**

OBEN **Mary Holden (Großbritannien) produziert ihre Bären gern so umweltfreundlich wie möglich und stopft sie mit reiner Wolle.**
»Baby George« mißt 46 cm (1994).

OBEN **Die Bären von Michi Takahashi (Japan) sind immer sehr spaßig, und diese »Fairy Chuckles« (Kichernde Feen) bilden keine Ausnahme. Sie wurden im Jahr 1993 produziert und sind 73 cm und 15 cm groß.**

LINKS **»Luke«, ein anderes Modell der entzückenden Teddys der talentierten holländischen Künstlerin Jane Humme. (Größe 18 cm, Herstellungsjahr 1993).**

RECHTS **»The Applepicker« (Die Apfelpflückerin) ist von Teresa Brookes und Barbara Percival (Großbritannien), die übrigens Schwestern sind. Der Teddy wurde im Jahr 1994 hergestellt und mißt 33 cm.**

OBEN **»Pearly King and Queen« von Nicola Perkins (Großbritannien), eine der besten Miniatur-Künstlerinnen. Dieses typisch britische Bärenpaar mißt jeweils 7,5 cm.**

OBEN **Barbara Ferrier (USA) produziert eine enorme Vielfalt von Teddybären. »Panda« ist ein ungewöhnlicher Miniatur-Bär aus dem Jahr 1991, Größe 10 cm**

OBEN **»Blue Bear«, einer der bekanntesten Phantasie-Bären der Amerikanerin Brenda Dewey. Er wurde im Jahr 1993 hergestellt und mißt 12,5 cm.**

WO UND WIE KAUFT MAN TEDDYBÄREN?

KAPITEL 6

Allen Sammlern stellt sich die gleiche Frage: Was soll ich sammeln, und wieviel Geld möchte ich ausgeben. Als erstes müssen Sie für sich die Entscheidung treffen, ob Sie Teddybären allein aus Lust und Liebe sammeln wollen, oder ob diese in erster Linie eine Kapitalanlage sein sollen. Beide Motivationen erfordern jeweils andere Überlegungen. Es bieten sich Ihnen jede Menge Gelegenheiten, Teddybären zu kaufen oder zu verkaufen: überall können Sie Glück haben — aber Vorsicht, Sie können auch reinfallen.

SELTENHEITSFAKTOR

So beliebt sie auch alle sein mögen, es liegt auf der Hand, daß manche Teddybären seltener sind als andere. Meistens liegt das daran, daß nur sehr wenige Exemplare des Modells hergestellt wurden. Es kommt vor, daß man einem Teddybären von unbestreitbarer Qualität und Ausstrahlung nur deshalb einen Seltenheitswert unterstellt, weil es extrem schwierig ist, ihn einem bestimmten Hersteller zuzuordnen. Glücklicherweise ist man über eine Reihe von Produzenten gut informiert, und besondere Merkmale können anhand von Firmenunterlagen und anderen verläßlichen Quellen eindeutig identifiziert werden. Bestes Beispiel ist die Firma Steiff, aber selbst da fällt

LINKS **Der »Teddy Bear Shop« ist ein Gemälde der Teddybärliebhaberin und Künstlerin Diane Elson (1988).**

OBEN **Dieser musikalische Bär wurde ursprünglich Schuco zugeordnet. Wir halten ihn eher für eine Arbeit von Eduard Cramer.**

manchmal die klare Zuordnung schwer. Allzu oft gibt es wenig oder gar keine verläßlichen Informationen über den Hersteller, und selbst Experten stehen dann vor unlösbaren Problemen.

Allgemein gilt: Angebot und Nachfrage bestimmen den Wert der meisten Bären, egal, ob sie rar sind oder nicht! Viele zeitgenössische, limitierte Editionen besitzen schon nach ein paar Jahren Seltenheitswert. Und ist nicht jedes Unikat eines Künstlers eine potentielle Rarität?

OBEN **Das Bären-Unikat »Old Time American Policeman« von Betsy Reum (USA) aus dem Jahr 1993, Größe 40,5 cm, könnte einmal sehr wertvoll werden.**

OBEN **Dieser 9 cm große Bär galt als Steiff-Teddybaby aus den dreißiger Jahren. Tatsächlich stammt er aus den Fünfzigern, ist also seltener und viel wertvoller!**

Herkunft

Wie in diesem Buch schon häufig erwähnt, ist es äußerst schwierig, das genaue Alter eines Teddybären festzustellen. Man hüte sich davor, dieses als exakte Wissenschaft zu betrachten — oft kommt es auf das eigene, durch Erfahrung geschulte Urteilsvermögen an, es sei denn, es existieren sichere Beweise.

Manche Leute verfallen bei der Aussicht, ein Teddy könnte eine Menge Geld wert sein, dem Irrtum, daß Großmutters Teddy auch in deren Alter sein müßte! Einmal versuchte uns eine Dame weiszumachen, ihr Teddybär sei hundertzehn Jahre alt, da ihre Großmutter (die natürlich schon tot war) um 1885 geboren sei. Sie wollte uns nicht glauben, daß Teddybären unmöglich so alt sein können. Möglicherweise wußte sie wirklich nicht, daß Teddys aus Nylon nicht vor 1950 hergestellt wurden! Aber hätte sie nicht selbst darauf kommen können? Immer wieder machen wir die Erfahrung, daß jemand ganz sicher das Alter seines Bären kennt und auch nichts anderes hören will! Der beste Altersnachweis ist immer noch das Foto eines Kindes mit seinem Teddy, am liebsten mit Datum und anderen schriftlichen Belegen.

Und kennen wir nicht alle viele Leute, oft aus dem Handel, die sich zu den abenteuerlichsten Vorstellungen über Alter und Geschichte eines Teddybären hinreißen lassen, wenn es um den Verkauf geht! Man kann nie sicher sein, ob eine Information auch wirklich stimmt, deshalb seien Sie vorsichtig.

OBEN **Bären dieses Stils wurden oft J. K. Farnell zugeschrieben. Aber dieser ungewöhnliche weiße Teddy aus den späten dreißiger Jahren ist eindeutig ein Chiltern-Bär.**

Fälschungen

Je stärker der Wert alter Teddybären ins öffentliche Bewußtsein drang, desto häufiger traten skrupellose Gauner auf, die sich auf Fälschungen spezialisiert hatten. Wenn man bedenkt, daß Hersteller wirklich gute Kopien ihrer alten Bären auf den Markt bringen und einige Künstler sehr schöne altaussehende Bären anfertigen können, kann man sich vorstellen, wie leicht ein unerfahrener Sammler an der Nase herumzuführen ist. Das Fälschen von Teddybären kann eine äußerst lukrative Beschäftigung für Betrüger sein!

Allerdings sind die meisten Fälscher ziemlich unbedarft und legen sich oft selbst rein, gelegentlich jedoch stößt man auf eine wirklich gute Fälschung. Seien Sie also vorsichtig — und denken Sie daran, es muß nicht unbedingt der teuerste Bär sein, der dem Fälscher zu einem schönen Verdienst verhilft! Wenn Sie auch nur der kleinste Verdacht oder Zweifel plagt, lassen Sie die Finger von dem Bären!

Woran erkennt man eine Fälschung?

- Reiben Sie leicht mit den Händen über das Fell des Teddybären — werden sie schmutzig, hat man die Patina wahrscheinlich erst kürzlich aufgetragen.
- Riechen Sie am Bären — er sollte einen natürlich muffigen Geruch haben und nicht ausgeprägt nach Tabak oder Staub riechen.
- Überprüfen Sie die Abnutzungserscheinungen. Schnitte und Risse sind selten so exakt und sauber wie mit dem Messer geschnitten. Mohairplüsch ist von Natur aus ungleichmäßig und lückenhaft. Deshalb überprüfen Sie sorgfältig den Fellhintergrund auf Kratzer, die von einer Drahtbürste oder Sandpapier stammen, um dem Verschleiß etwas nachzuhelfen. Auf eine Bohrmaschine gesetzte Scheibe oder Bürste erzeugt ein charakteristisches kreisförmiges Muster.
- Auch wenn sie gut gepflegt wurden, haben die meisten vierzigjährigen oder noch älteren Bären unweigerlich Farbe eingebüßt. Im Innern der Gelenke können Sie noch die ursprüngliche Farbe erkennen. In jedem Fall müssen Sie aber mit Verschleißspuren an anderen Stellen des Bären rechnen. Dagegen sieht das Fell eines erst kürzlich hergestellten Bären ziemlich gleichmäßig aus.
- Zum Schluß halten Sie den Bären einfach in den Händen. Zeitgenössische Bären sind nämlich anders gestopft als alte, sie sehen anders aus und fühlen sich auch anders an. Man braucht aber einige Erfahrung, um den Unterschied zu erkennen.

RECHTS **Der ungewöhnliche zweifarbige Bär wurde von Chad Valley in den Dreißigern hergestellt. Obwohl er ziemlich verschlissen ist, würde er jeden Sammler glücklich machen.**

UNTEN **Auch wenn der Knopf fehlt, beweisen Qualität und Design, daß es sich hier um einen Steiff-Bären (1907/1908) handelt.**

Worauf Sie bei einem alten Teddybären achten sollten

Wenn Sie einen Teddy kaufen wollen, weil es Ihnen einfach Spaß macht, alte Bären aufzustöbern, dann brauchen Sie ihm eigentlich nur in die Augen zu sehen (dem Bären, nicht dem Händler). Wenn es nicht Liebe auf den ersten Blick ist, dann wird sie sich wohl auch später nicht einstellen!

Vielleicht ist in erster Linie die Bärenpersönlichkeit ausschlaggebend, das ist eine ausgesprochen subjektive und ganz persönliche Angelegenheit. Bei alten Bären ist auch der Allgemeinzustand ein wichtiges Kriterium. Es liegt jedoch ganz bei Ihnen, wo Sie die Grenze setzen. Erwarten Sie nicht, einen alten Bären in neuwertigem Zustand vorzufinden; im Gegenteil, für die Persönlichkeit eines heißgeliebten Teddys ist es oft nur von Vorteil, wenn oft mit ihm gespielt wurde.

Spezialgeschäfte für Sammler

In den USA, Großbritannien und Holland gibt es viele Geschäfte speziell für Sammler. Auch in anderen Ländern werden ständig neue eröffnet. Was kennzeichnet ein Geschäft für Sammler? Unserer Meinung nach muß es ein Laden sein, der sich ausschließlich an den Wünschen des Sammlers orientiert und nicht an dem Bedarf von Touristen oder Passanten. Und es ist ganz gewiß kein Geschenke-, Antiquitäten- oder Spielwarengeschäft. Obwohl letztgenannte durchaus vertrauenswürdig sind, gehören sie nicht in dieselbe Kategorie wie ein Spezialgeschäft, das sich ausschließlich in den Dienst des Sammlers gestellt hat. Es gibt Geschäfte für den Sammler, die nur mit alten Bären handeln, während andere zeitgenössische und von Künstlerhand geschaffene Teddys mit Sammlerwert verkaufen, und wieder andere, die alle drei Kategorien führen.

Jeder Sammler wird die für ihn richtigen Geschäfte herausfinden, denen er aufgrund von Professionalität, Solidität und hohem Qualitätsniveau vertrauen kann. Wie für alle Sammelobjekte gibt es auch für Teddybären hochangesehene Experten mit ausgezeichnetem Leumund, die wesentlich länger im Geschäft sind als andere.

Im allgemeinen können Sie sich bei diesen Händlern auch kompetenten Rat holen, was Wert und Identifizierung eines Bären betrifft.

Wie prüft man den Zustand eines Teddybären?

Vergleichen Sie die Farbe des Mohairplüschs in den Gelenken mit dem Rest des Teddys, so können Sie feststellen, wie verblichen der Bär tatsächlich ist. Mag seine Farbe noch so verblaßt sein — der Teddy ist vielleicht einfach in Würde gealtert. Der Mohairplüsch sollte im großen und ganzen einigermaßen in Ordnung sein.

- Die Stickerei im Bärengesicht sollte zum Charakter passen, ist sie glänzend und neu, wurde sie vielleicht erst kürzlich ergänzt. Das macht nicht unbedingt viel aus, oft jedoch erhält der Teddy durch stilistisch falsche Stiche an Nase oder Mund ein falsches Aussehen. Natürlich kann der Fehler auch vor vierzig Jahren beim Besuch einer Teddybärklinik passiert sein, deshalb sollten Sie so viel wie möglich über den Originalstil der Nase wissen.

- Sind die Augen original? Oft genug sind sie es nicht! In dem Fall vergewissern Sie sich, daß sie die richtige Größe und Farbe haben und ordentlich befestigt sind.

- Sitzen die Gliedmaßen fest, oder hat man Kopf oder Beine mit ein paar versteckten Stichen zusätzlich verankert?

- Zeigt das Fell des Bären Risse oder offene Nähte, sind die Pfoten beschädigt?

- Funktioniert die Brummstimme oder der Quiekser? Meistens ist das nicht der Fall, und der heutzutage erhältliche Ersatz ist leider oft minderwertig und leicht als solcher zu erkennen.

LINKS **Es gibt viele Teddybär-Geschäfte, die nur Künstler-Bären verkaufen, wie »Buster« von Rosalie Frischmann (USA) und »Carmel« von Joan Woessner (USA).**

RECHTS **Noch ein zeitgenössischer Teddy mit Sammlerwert — der erste Bär der British Collector's-Serie von Steiff (1989).**

Börsen und Ausstellungen für Sammler

Überall schießen Teddybärbörsen aus dem Boden, hier bietet sich im Großen und Ganzen die beste Gelegenheit, sowohl alte als auch neue Bären zu kaufen. Nirgendwo sonst findet sich eine solche Menge an wunderschönen Teddybären. Große Börsen ziehen gewöhnlich die besten Spezialgeschäfte, Händler und natürlich auch Bärenkünstler der Region an. Hier werden Sie auch unabhängige Händler treffen, die kein eigenes Geschäft besitzen, Ihnen aber eine gute Auswahl an Bären zum Verkauf anbieten können. Andere Teilnehmer dieser Märkte sind Künstler und Bärenmacher, bei denen Sie ein Exemplar ihrer einmaligen Teddys aus erster Hand kaufen und außerdem mehr über ihre Kunst erfahren können.

OBEN **Das ist »Munchie«, ein Unikat von Steve Schutt (Größe 90 cm).**
Ein großer Vorteil von Teddybär-Tagungen besteht darin, daß große Bärenkünstler oft Extra-Unikate für die Auktionen entwerfen.

In den USA, Großbritannien und anderswo gibt es heutzutage jede Menge festetablierte Teddybärbörsen, von denen viele gut organisiert sind und den Besuch lohnen. Außerdem finden unzählige kleinere Märkte statt, auch diese können durchaus den Besuch lohnen. Es besteht immer die Chance, ganz unverhofft auf einen interessanten Teddy zu stoßen, besonders bei Händlern, die relativ neu im Geschäft sind.

Antiquitätenmessen/Ausstellungen

Sie müßten schon großes Glück haben, wenn Sie auf einer normalen Antiquitätenmesse mehr als ein oder zwei Händler finden, die Teddybären anbieten. Auf jeder Veranstaltung entdeckt man meistens bei den Antiquitätenhändlern auch ein paar alte Bären, oft sind diese jedoch von armseliger Qualität, viel zu teuer und zudem noch unseriös und eher verkaufsfördernd identifiziert.

Wir warnen eindringlich vor diesen Antiquitätenmessen! Auch wenn es nicht oft vorkommt, laufen Sie hier größte Gefahr, einer Fälschung oder einem gestohlenen Teddy aufzusitzen. Immer wieder staunen wir über die Naivität mancher Leute angesichts eines Teddys im »Sonderangebot« — von einem Händler, der wahrscheinlich auch die eigene Großmutter verscherbeln würde.

Seien Sie gewarnt! Kaufen Sie keinen Bären, den Sie nicht sicher zuordnen können.

Teddybär-Treffen

Die amerikanische Gesellschaft ist das Ergebnis von unzähligen Versammlungen, daher war es unvermeidlich, daß, sobald es genügend Teddybärfanatiker gab, diese anfingen, Treffen zu organisieren. Obwohl der Trend mittlerweile weithin in Richtung Disney geht (Puppen und Teddybären unter einem Dach), bieten diese Zusammenkünfte für Sammler immer noch ausgezeichnete Möglichkeiten. Hier trifft man auf favorisierte Künstler oder Hersteller, kann sich seinen Teddy an Ort und Stelle signieren lassen oder einfach nur nett plaudern.

Auch in anderen Teilen der Welt finden zunehmend Tagungen statt. *Teddies of the World '93* wurde in Northampton, Großbritannien abgehalten. Der Kongreß war ausschließlich den Teddybären gestern und heute gewidmet und war die erste Veranstaltung dieser Art mit Schwerpunkt auf allen Facetten des Teddybärensammelns. Erst kürzlich hatte auch Japan seinen ersten Sammlerkongreß.

Für jeden dieser Anlässe bittet man die Künstler um Bären-Unikate, die dann versteigert werden. Der Erlös kommt häufig wohltätigen Zwecken zugute, aber das muß nicht immer so sein. Hier bietet sich eine weitere ausgezeichnete Gelegenheit zum Erwerb eines von Künstlerhand geschaffenen, wirklich einzigartigen Bären.

Auktionshäuser

Wohl die besten Auktionshäuser der Welt haben ihren Sitz in Großbritannien, alle bieten regelmäßig Verkaufsveranstaltungen an — normalerweise sind das kombinierte Spielzeug-, Puppen- und Teddybärversteigerungen. Hier können Sie kaufen oder verkaufen, müssen aber für den Service bis15 % Provision zahlen. Für eine unabhängige Schätzung des Marktwertes sind Auktionshäuser eine allgemein anerkannte Instanz.

Zweifellos erreichen Auktionshäuser einen viel größeren Kundenkreis, da ihre Stammklientel sowohl professionelle Verkäufer als auch private Sammler umfaßt. Folglich wird Ihr Teddybär hier eher den Preis erzielen, der Ihren eigenen Vorstellungen am nächsten kommt.

OBEN **Für die Identifizierung Ihres Teddy's können Sie Experten ebenso vertrauen wie den Auktionshäusern. Von links nach rechts: Merrythought, Fünfziger Jahre, Schuco »Ja/Nein« um 1935 und ein Gebrüder Bing aus den zwanziger Jahren.**

Aber lassen Sie sich warnen — in den letzten Jahren wird in Fernsehsendungen zum Thema Antiquitäten zunehmend der Eindruck erweckt, daß Auktionshäuser die einzigen Orte zum Kaufen und Verkaufen seien. Sicherlich werden dort phantastisch hohe Verkaufspreise erzielt, sie bilden jedoch die Ausnahme und nicht die Regel. Und wenn ein Teddybär eingeordnet werden soll, sind führende Experten im allgemeinen genauso gut wie ein Auktionshaus, wenn nicht sogar besser.

OBEN **Dieser Merrythought-Teddy ist leicht anhand seines Äußeren und des Etiketts zu identifizieren. Das ist nicht immer so, in dem Fall empfiehlt sich vor dem Kauf der Rat eines Experten.**

Antiquitätengeschäfte

Das Stöbern in Antiquitätenläden lohnt sich immer. Auch wenn Sie keinen Bären finden, läßt sich vielleicht irgendeine nette Kleinigkeit zum Thema Bär oder ein hübsches altes Kostüm für Ihren Liebling entdecken.

Da Antiquitätenhändler sich mit einem breitgefächerten Angebot an Kunstobjekten befassen, verfügen sie leider im Großen und Ganzen über wenig Spezialkenntnisse, was Teddys anbelangt. Oft orientieren sie sich an allgemeinen Antiquitäten-Preisempfehlungen, und setzen womöglich die Preise für Teddybären in, gelinde gesagt, recht optimistischer Höhe an.

Flohmärkte

Immer wieder werden wir gefragt, ob es sinnvoll ist, einen Teddy auf dem Flohmarkt zu kaufen. In neunundneunzig von hundert Fällen hat so ein Bär überhaupt keinen echten Sammlerwert, aber ganz selten kommt es doch vor, daß jemand ein richtiges Schnäppchen macht. Diese Möglichkeit besteht immer, allerdings müssen Sie sich unserer Erfahrung nach auf viele lange und fruchtlose Stunden der Suche gefaßt machen.

Flohmärkte können aber für diejenigen unter Ihnen reizvoll sein, die nicht so sehr am materiellen Wert eines Bären interessiert sind, sondern einfach nur daran, einem armen, ausrangierten Teddy ein neues Zuhause zu geben. Höchstwahrscheinlich finden Sie einen Teddybären aus den siebziger und achtziger Jahren auf der Suche nach einem neuen Beschützer, der seinen Wert besser zu schätzen weiß.

Fachzeitschriften

In Teddybär-Magazinen finden sich Verkaufsanzeigen, die Ihre Neugier wecken. Oft müssen Sie dann allerdings einen Bären kaufen, ohne ihn vorher gesehen zu haben; und Ihre Vorstellung von Verschleiß weicht möglicherweise völlig von der des Verkäufers ab. Sie können auch nie sicher sein, daß es wirklich ein Verkauf aus privater Hand ist. Aber versuchen Sie trotzdem Ihr Glück, ob Sie nun kaufen oder verkaufen.

OBEN **Man findet immer noch billige, nicht zu identifizierende, alte Bären. DiesenTeddy schreiben wir W. H. Jones (Großbritannien) zu, der während des Ersten Weltkriegs produzierte.**

Beim Kaufen und Verkaufen ...

Sollten Sie

- versuchen, soviel wie möglich über den Bären herauszufinden; am besten sind Familienfotos und andere Herkunftsnachweise;
- nur von vertrauenswürdigen Leuten kaufen;
- sicher sein, daß Sie allein die Wahl treffen und nicht durch geschickte Verkaufsstrategie verführt worden sind;
- sich die Extrakosten oder Provision für den Kauf oder Verkauf auf einer Auktion quittieren lassen;
- vor dem Kauf den Teddybären sorgfältig kontrollieren und sich davon überzeugen, daß er sich in gutem Zustand befindet und auch der Bär ist, als welcher er angeboten wird. (Es kommt natürlich vor, daß ein Teddy dem falschen Hersteller zugeordnet wird, unter Umständen könnte das für Sie nur von Vorteil sein.)

Sollten Sie nicht

- alles glauben, was man Ihnen erzählt, besonders wenn es um einen alten Teddybären geht;
- den Bären beim Verkauf dem Interessenten ohne volle Bezahlung aushändigen, außer es ist ein angesehener Händler;
- von jemandem kaufen, dem Sie rein gefühlsmäßig nicht trauen;
- kaufen, bevor Sie nicht absolut sicher sind, daß es auch der Teddy ist, den Sie wirklich haben wollten;
- nur aus Investitionszwecken kaufen, das bewahrt Sie vor einer Enttäuschung, sollte der Wert des Teddybären nicht so schnell steigen, wie Sie es sich wünschen;
- eine limitierte Auflage ohne Zertifikat oder Karton kaufen;
- einen Teddy von schlechter Qualität kaufen, es sei denn, Sie wollen es wirklich so. Von zeitgenössischen Bären, die in irgendeiner Weise beschädigt sind, sollten Sie die Finger lassen.

Pflege und Reparatur

Kapitel 7

Alle Teddybären wollen ordentlich gepflegt sein: nachfolgende Ratschläge mögen zur Orientierung dienen.

Was sollte ich tun, wenn ich einen neugekauften Teddy mit nach Hause bringe?

Sie wären überrascht, wenn Sie wüßten, was sich alles in einem alten Bären tummelt! Dieser behagliche und sichere Platz ist ein wunderbarer Zufluchtsort für Insekten und Parasiten aller Art. Wenn Sie nicht aufpassen, können diese sich auf Ihre übrige Kollektion ausbreiten. Es gibt eine einfache Methode, wie Sie Ihre Teddys schützen können, sie ist aber nicht hundertprozentig sicher. Stecken Sie jede Neuerwerbung in eine Plastiktüte und legen diese für mindestens achtundvierzig Stunden ins Gefrierfach. Zusätzlich könnten Sie den Teddy noch mit Flohpuder behandeln (hinterher mit dem Staubsauger entfernen).

Manche Leute greifen zu Mottenkugeln; wir persönlich lehnen diese Methode wegen des Geruchs ab. Wir entdeckten ein altes englisches Rezept aus dem neunzehnten Jahrhundert nach *Mrs. Beeton's Household Management*; darin wird empfohlen, Gewürznelken in kleine Schüsseln zu füllen und diese zwischen die Teddys zu stellen. Der Geruch ist für uns Menschen nicht störend und scheint tatsächlich zu helfen. Sie können auch imprägnierte Zedernholzblöcke kaufen. Insekten scheinen Zedernholz nicht zu mögen.

Man hat uns gefragt, ob man Bären vor Ungeziefer schützen kann, wenn man sie in Glasvitrinen aufbewahrt. Gewöhnlich dringen Insekten auch hier ein; aber Ihre Bären verstauben natürlich nicht so schnell.

Denken Sie daran, Ihre Bären regelmäßig zu kontrollieren und zu reinigen.

LINKS **»Miss Marple« von Jo Greeno und »Father Christmas« von Gary Nett (USA) untersuchen den mysteriösen Tod eines Steiff-Teddys mit Mittelnaht aus dem Jahr 1905.**

RECHTS **Mit ein wenig Pflege und Aufmerksamkeit könnte dieser Steiff-Teddy aus den zwanziger Jahren wieder wie neu aussehen.**

Wie reinige ich meine Teddys?

Alte Teddybären bestehen hauptsächlich aus Mohairplüsch, Alpaka und Wolle. Das sind Naturfasern, die sich waschen lassen. Tauchen Sie jedoch niemals einen Teddy ins Wasser — die Wirkung wäre verheerend — behandeln Sie immer nur die Oberfläche.

Erzeugen Sie mit einem milden Waschmittel und warmem Wasser Schaum (vergewissern Sie sich vorher, daß der Stoff nicht die Farbe verliert). Dann reiben oder tupfen Sie den Schaum mit einem weichen Tuch oder einer Babybürste in den Mohairplüsch. Nehmen Sie auf keinen Fall eine Bürste mit harten Borsten oder eine Nylonbürste. Sie könnten den Stoffuntergrund oder den Flor beschädigen. Hartnäckige Flecken lassen sich mit einer Zahnbürste (weich oder mittelhart) entfernen, seien Sie aber vorsichtig.

Wenn Schaum und Wasser in der Schüssel schmutzig verfärbt sind, entfernen Sie den Schaum mit einem sauberen feuchten Handtuch vom Bärenfell. Danach reiben Sie den ganzen Bären noch einmal mit warmem Wasser ab, dem Sie etwas Stoffimprägnierer hinzugefügt haben. Um überschüssiges Wasser zu entfernen, rubbeln Sie zum Schluß noch einmal mit einem sauberen Handtuch vorsichtig den Bären von allen Seiten.

Mit dem Fön auf niedrigster Stufe trocknen Sie den Teddy am schnellsten; aber tun Sie es ebenso vorsichtig, wie Sie Ihre Haare trocknen (Lockenwickler lassen Sie besser weg!). Wenn Sie das Fell in Form bringen wollen, bürsten Sie es am besten beim Fönen kontinuierlich. Wenn der Bär trocken ist, legen wir ihn immer für 48 Stunden in die Trockenkammer, da kann er langsam ganz austrocknen.

Obwohl Sie es auf die oben beschriebene Art und Weise versuchen können, ist es oft sehr schwierig, einen Teddybären aus Synthetik zu säubern. Andererseits sind diese Bären häufig so hergestellt, daß man sie ganz ins Wasser stecken kann, und Sie könnten Ihren Petz möglicherweise mit der Hand waschen (kontrollieren Sie das Etikett). Denken Sie daran, daß Ihr Teddy ganz bestimmt keine Lust auf eine Reise durch die Waschmaschine oder den Trockner hat!

Gibt es noch andere Möglichkeiten, wie ich meine Teddys regelmäßig reinigen kann?

Kontrollieren Sie Ihre Bären regelmäßig auf Ungeziefer, Staub usw., und halten Sie das Fell mit dem Staubsauger rein. Setzen Sie dabei Ihren Teddy keiner hohen Saugleistung aus — es passiert leicht, daß er sein Fell, ein locker sitzendes Auge oder das kostbare Namensschild oder Etikett verliert. Wenn Sie über die Düse des Staubsaugers einen Nylonstrumpf ziehen, können Sie dem vorbeugen.

LINKS **Dieser Teddy von Chad Valley (1930er, 66cm) würde durch eine Restaurierung der Fußsohlen noch wertvoller werden.**

RECHTS **Die Bären aus den dreißiger Jahren sind aus Kunstseidenplüsch, der sich anders als Mohairplüsch nicht gut reinigen läßt.**

Wenn ich es nicht übers Herz bringe, meinen Teddy in die Klinik zu bringen, was raten Sie mir?

Beschädigte Hand- oder Fußpfoten können Sie eine ganze Weile mit Babyhandschuhen und -schühchen schützen. Auch ein hinfälliger Torso, schwache Gelenke an Armen und Beinen lassen sich gut schützen. Stecken Sie den armen Kerl einfach in einen alten einteiligen Strampelanzug oder nur in Hose und Jacke.

Vertragen sich Teddybären und Haustiere?

Nein. Bekanntlich sind Hunde und Katzen Überträger von allem möglichen Ungeziefer, das sich gerade ein neues Zuhause suchen könnte! Außerdem möchte kein Teddybär in einer Hundeschnauze hin und hergeschüttelt werden oder in den Krallen einer Katze landen — das würde Ihnen doch auch nicht gefallen, oder?

Wirkt sich Rauchen auf meine Teddybären aus?

Genau wie wir Menschen leiden auch Teddybären unter passivem Rauchen, der Geruch bleibt in ihrem Fell hängen. Aber es liegt ganz bei Ihnen. Bei uns zu Hause und in unserem Geschäft darf niemand rauchen, und unsere Bären duften angenehm.

Ich beabsichtige, meine Sammlung zu versichern. Was soll ich tun?

Auf jeden Fall sollten Sie Ihre Teddybären katalogisieren und richtig versichern. Das ist nicht so teuer, wie Sie vielleicht meinen, und selbst wenn die meisten Bären Ihrer Kollektion unersetzlich sind, zahlt Ihnen die Versicherung im Schadensfall zumindest eine angemessene Entschädigung. Lassen Sie sich außerdem eine zuverlässige Alarmanlage mit Brandschutz einbauen. Bei Abschluß einer Versicherung ist das nur von Vorteil. Sie können natürlich auch ruhiger schlafen.

Stellen Sie eine genaue Liste auf, mit allen Informationen über Ihre Bären — Kaufdatum, Preis, Größe, Herstellungsart usw. Es könnte nichts schaden, den einen oder anderen Teddybären von einem unabhängigen Experten schätzen zu lassen, das hängt ganz vom Wert Ihrer Kollektion und der Vollständigkeit Ihrer Unterlagen ab. Außerdem sollten sie Ihre Bären fotografieren — am einfachsten, schnellsten und billigsten sind Videoaufnahmen. Denken Sie daran, Kopien in doppelter Ausführung anzufertigen und sie bei der Bank oder an einem anderen sicheren Ort zu deponieren; auf keinen Fall in Ihrem Haus.

LINKS **Dieser Holländerjunge von Merrythought aus dem Jahr 1938 verträgt kaum mehr als eine sorgfältige Oberflächenwäsche.**

RECHTS **Auch an diesem Chad Valley-Teddy aus dem Jahr 1930 hat der Zahn der Zeit genagt; am besten wäscht man nur seine Oberfläche.**

Was tun, wenn der Teddy repariert werden muß?

Wenn Ihr Teddybär eine grundlegende Reparatur braucht, restauriert werden muß oder sehr wertvoll ist, empfehlen wir, den Bären zu einem guten Bärenarzt oder in eine Teddybären-Klinik zu bringen. Prüfen Sie zuerst die Referenzen und bitten Sie darum, ein paar Arbeiten zu sehen. Am besten sprechen Sie erst einmal mit jemandem, der seinen Teddy dort schon einmal reparieren ließ. Auf keinen Fall raten wir dazu, eine große Reparatur selbst auszuführen, es sei denn, Sie haben viel Erfahrung!

Wenn Ihr Teddy nur ein kleines Wehwehchen hat, fühlen Sie sich bestimmt in der Lage, ihn selbst zu behandeln. Eine gerissene Naht oder lockere Pfote lassen sich leicht flicken, vorausgesetzt, Sie können mit Nadel und Faden umgehen. Müssen Sie Nase, Mund oder Pfoten neu sticken, brauchen Sie Seidengarn in genau denselben Farben. Verändern Sie niemals das Muster — kopieren Sie exakt die Nadelführung des Herstellers. Das ist gar nicht so einfach, und Sie riskieren dabei, den Charakter Ihres Bären völlig zu verändern.

Die Augen sollten nur ersetzt werden, wenn eins beschädigt ist oder fehlt. Auch hier müssen Sie versuchen, das zum Original in Farbe und Größe passende Auge zu finden. Um sicherzugehen, daß Meister Petz auch die richtigen Augen, Pfoten oder Gesichtszüge hat, sollten Sie dieses und andere Fachbücher aufmerksam lesen. Denken Sie daran, daß bei vielen alten Bären Nase und Augen schon einmal ersetzt wurden. Deshalb überzeugen Sie sich bei der Reparatur Ihres Bären davon, daß Sie den richtigen Stil oder das originalgetreue Auge finden. Die meisten Augen sind am Hinterkopf des Bären festgenäht, manche aber auch an den Ohren. Sollten Sie Zweifel haben, überlassen Sie die Arbeit einem erfahrenen Restaurator.

Warum hat mein Teddy Farbe verloren, er hat doch immer nur im Wohnzimmer gelebt?

Kein Stoff, außer einigen Kunstfasern, verträgt direktes Sonnenlicht. *Setzen Sie Teddybären nie direkter oder langer Sonnenbestrahlung aus.* Schließen Sie so oft wie möglich die Vorhänge, damit weniger Licht ins Zimmer fällt. Auch Spitzenvorhänge halten Helligkeit ab. Verändern Sie regelmäßig den Standort der Teddys im Raum, so daß keiner mehr Sonnenlicht abbekommt, als ihm guttut. Anders als bei uns Menschen, bräunt die Bärenhaut nicht vom Sonnenbaden, im Gegenteil, der Teddy bekommt ein absolut ungesundes, blasses Fell (die Farbe bleicht aus)!

LINKS **Der Hugmee von Chiltern aus den sechziger Jahren sieht nach einer Wäsche und Behandlung mit der Bürste gleich viel besser aus.**

RECHTS **Ein Merrythought-Teddy von 1930, der durch starke Lichteinwirkung teilweise verblichen ist.**

Noch mehr über Teddybären

Kapitel 8

Wenn Sie den größtmöglichen Nutzen aus dem Teddybären-Sammeln ziehen wollen, sind Sie es sich und Ihrer Bank schuldig, soviel Wissen wie möglich zu erwerben. Je erfahrener Sie in der Zuordnung eines alten Bären, der Witterung einer guten Gelegenheit oder der Einschätzung einer Investition (das bezieht sich auf alte und neue Bären) sind, desto weniger laufen Sie Gefahr, einem tiefgreifenden — und kostspieligen — Irrtum zu unterliegen. Folgende Quellen können Ihnen bei der Erweiterung Ihrer Teddy-Kenntnisse helfen.

Museen

Es gibt zahlreiche Spielzeugmuseen, unserer Erfahrung nach sind allerdings gerade jene ziemlich enttäuschend, die von sich behaupten »viele Teddybären« zu besitzen. Das gilt besonders für die Spielzeugmuseen in Deutschland. Trotzdem sollten Sie solche Museen besuchen — wann immer sich die Gelegenheit bietet. Selbst wenn Sie nur wenige Teddybären zu sehen bekommen, können diese doch Ihr Urteilsvermögen verbessern. Hier ein paar Museen, die auf jeden Fall den Besuch lohnen:

USA

Teddy Bear Museum in Naples, Florida

Grossbritannien

Cotswold Teddy Bear Museum, High Street, Broadway, Worcestershire

Bear Museum, 38 Dragon Street, Petersfield, Hampshire

Deutschland

Margarete Steiff Museum, Allen Straße 2, 89537 Giengen (Brenz)

RECHTS **Untersuchen sie Ihre Bären sorgfältig: Bei diesem Chad Valley-Bären (1930er) fand sich ein wertsteigernder Knopf auf der Schulter.**

LINKS **Der lerneifrige »Mr. Cinnamon« von Gary Nett (USA) von 1983 ist 41 cm groß.**

Ausstellungen und Tagungen

Diese machen nicht nur großen Spaß, sondern bieten auch Gelegenheit, Ihre Sammlung zu erweitern und in netter Gesellschaft Erfahrungen auszutauschen. Sowohl in den Vereinigten Staaten als auch in Europa gibt es recht viele solcher Anlässe; aber nur auf den bekanntesten und besten Ausstellungen und Tagungen trifft man die wirklich Prominenten der Teddybär-Welt.

USA

ABC Unlimited Promotions Shows, Schaumberg, Illinois, sowie an anderen Orten (mehrmals im Jahr)

Bill Boyd's Teddy Bear Jubilee, Kansas City, Missouri (jährlich)

Serena Cohen's, Libearty Weekend Artist Bear Show, Philadelphia, Pennsylvania (jährlich)

Disneyland Doll and Bear Convention, Anaheim, Kalifornien (jährlich)

Disney World Doll and Bear Conventions, Florida (jährlich)

Donna Harrison's Shows and Convention, Baltimore, Maryland (zweimal im Jahr)

ILTBC Convention, Orange, Kalifornien (jährlich)

Linda Mullins Shows, San Diego, Kalifornien (zweimal im Jahr)

Steve Schutt's Teddy Bear Reunion in the Heartland, Clarion, Iowa (alle fünf Jahre, die nächste im Jahr 2000).

Japan

Japan Teddy Bear Association Convention, Tokio (jährlich)

Grossbritannien

Margaret and Gerry Grey's Teddies of the World Convention, Tagungsort wird noch festgelegt (alle drei Jahre, nächster Termin ist 1996)

Hugglets, Teddy Bear Fairs, and events, London und Stratford-on-Avon (mehrmals im Jahr)

Teddy Bear Times, British Bear Festivals, Croydon, und Hove, Ost Sussex (zweimal im Jahr)

Niederlande

Rob und Inge Kuiters, *Bären-Festival Schloß Amerongen* (immer im Mai)

Zeitschriften

Überall auf der Welt werden viele, sehr gute Spezialzeitschriften publiziert, mit für Sie außerordentlich wertvollen Informationen.

Bear Facts Review, Australien

Beer Bericht, Niederlande (vier Ausgaben)

Berni Brumm; Ciesliks Teddy und seine Freunde, beide Deutschland

de Teddy-Beer, Niederlande (vier Ausgaben)

Hugglets Teddy Bear Magazine, Großbritannien (vier Ausgaben)

Teddy Bear and Friends, USA (sechs Ausgaben)

Teddy Bear Review, USA (fünf Ausgaben)

Teddy Bear Times, Großbritannien (sechs Ausgaben)

Empfehlenswerte Lektüre

Es gibt viele wunderbare Bücher, die wir leider nicht alle hier aufführen können. Sie sollten jedes verfügbare Teddybärbuch lesen, aus allen werden Sie etwas Neues lernen und Ihr Wissen vertiefen. Die folgenden Bücher empfehlen wir als besonders hilfreich und unterhaltsam:

Peter Bull, *Teddy Bear Book* (1969)

Peggy Bialosky/Alan Bialosky, *Teddybären sammeln* (1990)

Jürgen und Marianne Cieslik, *Knopf im Ohr* (1989); *Die Geschichte der Teddybären und ihrer Freunde* (1989); *Steiff-Teddybären, eine Liebe fürs Leben* (1994)

Pauline Cockrill, *Das große Buch der Teddybären* (1991) und *Die große Enzyklopädie der Teddybären* (1993)

Elke Gottschalk, *Geliebte Steiff-Tiere*

Clubs und Vereine

Möchten Sie einem Club oder Verein beitreten? Hier treffen Sie auf Leute mit gleichen Interessen. Es gibt heutzutage zahlreiche Sammlerclubs; einige in Verbindung mit Herstellern wie der *Steiff-Club*, einige in Zusammenarbeit mit Zeitschriften wie der *Teddy Bear Times British Bear Club*, die *International League of Teddy Bear Clubs* in den USA, außerdem Clubs mit hauptsächlich karitativen Zwecken wie *Good Bears of the World* — sie alle haben auf dem Gebiet des Teddybärensammelns etwas zu bieten.

Wir persönlich bevorzugen die weniger offiziellen Clubs, wie unseren, genannt *Bear Talk Club* in Stratford-on-Avon, England.

Einzelheiten über Clubs und Vereine finden Sie regelmäßig in führenden Sammlerzeitschriften.

REGISTER

A
Acton Toy Craft Ltd. 34
Aerolite 20, 22
Aetna 13
»Still Hope« 11
Ahsolight 20
American Doll and Toy Manufacturing Co. 14
Amerikanische Bären
die Jahre zwischen 1. und 2. Weltkrieg 19, 21-15
früher Vertrieb 14
frühe Herstellung 9-10, 11-12, 13-14
limitierte Editionen 41
Nachkriegszeit 30, 31
Teddybärenkünstler 55-59
Antiquitätengeschäfte und -messen 70, 71
Applause 41
Atlas Manufacturing Co. 15
Auktionen 71
Australische Teddybären
zwischen 1. und 2. Weltkrieg 28-29
nach den Kriegen 37-39
Ausstellungen und Tagungen 78

B
Baham, Celia
»Roosevelt Bear« 62
Baxter, Thomas 16
Beacock, Brian
»Buster« 58
Bearly There Inc. 41
Berg 39
Berg, Hermann 10
Berlex Toy Pty. 28, 37
Berryman, Clifford 9, 10
Bing, Gebrüder (später Bing-Werke) 12, 17, 26
Bingie Bär 24
Blackburn, John und Maude 41
»Rosie« 41
Borgfeldt, G. 10, 14
Boston, Wendy
Playsafe Bären 32
British United Toy Manufacturing Co. 16
Brookes, Teresa und Percival, Barbara
»The Applepicker« 65
Bruin Manufacturing 13
Bücher über Teddybären 78
Bull, Peter 6, 8, 42, 55
Butler Bros. 14

C
Calvin, Karin und Howard 57
Canham, Deborah
Zirkusbären 54
Canterbury Bears 41, 42
Chad Valley
Aerolite 20, 22
Datierung 22
Magna 22
Nachkriegs-Bären 30, 32
Peacock 22, 22, 23
Teddys zwischen den Kriegen 7, 20, 20
Character Novelty Co. 31
Chiltern-Bären
Baby Bruin 34
Cubby 25
frühe Bären 15-16
Hugmee 24, 25, 34, 76
Master-Teddy 1915 15
Nachkriegs-Teddys 34
Silky Teddy 20
Skater Bear 25
Ting-a-Ling Bear 34
die Jahre zwischen 1. und 2. Weltkrieg 20, 24-25
Clark, Janet
»Loving« 55
»Sophie« 61
Clubs und Vereine 78
Columbia Teddy Bear Manufacturing 14
Laughing Roosevelt Bear 14
Commonwealth Toy and Novelty Co.
»Feed me«-Bär 21
Conley, Barbara
»Antique Grey Bear« 57
Cramer, Eduard 28
Cranshaw, Anne 57
»Casco Bear« 57
Cray and Nicholls 16
Crowe, Nancy
»Sandman« 60

D
Datierung von Teddybären 22, 67
Deans Rag Book Co. Ltd.
frühe Bären 15
Nachkriegs-Bären 33
Sammlerstücke 42
die Jahre zwischen 1. und 2. Weltkrieg 23
Dehler, E. 18
Deutsche Bären
frühe Produktion 9, 10-11, 12, 17-18
die Jahre zwischen 1. und 2. Weltkrieg 19, 21, 26-28
limitierte Editionen 43-53
Nachkriegs-Bären 35-37
Dewey, Brenda
»Wizard« 54
»Blue Bear« 65
Dreamland Doll Company 14

E
East London Toy Factory (EALON) 16, 25
Edwards, Linda
»The Strawberry Picker« 64
Eisenmann, Josef 16
ELI 18
Emil Toys 28, 29, 38
Epstein, B. 14

F
FADAP
Fälschungen 68
Farnell, J. K.
Alpha 23
die Jahre zwischen 1. und 2. Weltkrieg 7, 19, 20, 23
frühe-Bären 12, 15
Nachkriegs-Bären 33
Silkalite 20
Fast Black Shirt Co. 14
Ferrier, Barbara
»Panda« 65
Französische Bären 29
Frischmann, Rosalie
»Buster« 69
»Murphy« 60

G
Gard, Diane
»Billy Ray« 55, 57
»Marisa Bearensen« 56
»Debbie« 61
Gillespie, Mrs. G. C. 14
Gottschalk and Davis 16
Graves, Lynda
»Stargazer« 62
Greeno, Jo
»Miss Marple« 54, 73
»Big Friendly Guy« 58
Großbritannien, Bären aus
die Jahre zwischen 1. und 2. Weltkrieg 19, 21-25
früher Vertrieb 12, 15-16
frühe Produktion 12, 15-16
limitierte Editionen 41-43
Nachkriegszeit 32-35
Teddybärenkünstler 59
Gumpp, Heike
»Hans Werner Jäger« 58
Gund Manufacturing Co. 14, 21, 31
Gyllenship, Gregory
»Alexander« und »Gilbert« 61

H
Hammond, Ena
»Woolly Bear« 63
Harman Manufacturing Co. 13
Harmus, Carl, Jr. 18
Harwin and Company 15
Ally Bears 15
Hecla Bear Co. 13
Helvetic 29
Henderson, Billee
»James« 62
Hercules Bären 17
Hermann, Gebrüder
frühe Bären 12, 18
die Jahre zwischen 1. und 2. Weltkrieg 28
Nachkriegsbären 35
Repliken 43
Zotty 35
Hermann, Max (später Hermann-Spielwaren) 18, 27, 37
Hockenberry, Dee
»Mr. Bruin« 57
»Timeless Teddies« 61
Hofmann, Carl 18
Holden, Mary
»Baby George« 65
Horsmann, E. C. and Co. 14
Howells, Pam
»Charlotte« 63
Hughes, Herbert E. 16
Humme, Jane
»Gerry's Teddy at Play« 59
»Luke« 65
»Humpty Dumpty«-Spielwaren 17
Hutchings, Margaret 55
Hygiene-Institut, Plakette 20

I
Ideal Toy and Novelty Co. 10, 13, 31
»Charlemagne« 10
Imperial Toy Co. 16
Inman, Anne
»Strawberries and Cream« 63
Insektenschutz 73
Invicta Toys 25
Isaacs (ISA) 16, 22
Isenberg, Barbara 41

J
Jakas 38
Japanische Bären 19, 30, 64, 65
Jones, Maddie
»Algie« 60
Jones, W. H. 17
Joy Toys Pty. 29, 29, 38
Jumbo Toys 17

K
Kaufen, Teddybären 66-72
Knickerbocker Toy Co. Inc. 19, 21, 31
Kronsteiner, Karin
»Marvin« 59
Kunstseidenplüschbären, Einführung von 20

L
Laight, Naomi
»Marvin the Magician« 59
Lakeland Bears 42
Latimer, Shirley
»Cornetto« und »Pauro« 62
Leco Toys 34
Lefray Ltd. 34, 35
Leven, H. Josef, und Sprenger 18, 28
Lichtschutz 76
Liebermann, Ernst, und Co. 18
Lindee Toys 39
Lines Brothers/International Model Aircraft Co. Ltd.
s. Pedigree
Little Folk 42
Lumley, Grandma Lynn
»Mother and Baby« 64

M

Madingland 17
Magna-Bären 22
Magnet-Bär 24
MAHESO 18, 28
Menten, Ted 56
»Hug« 41
Merrythought Ltd. 19, 24, 33
Bingie 24
Cheeky 33
limitierte-Editionen 42
Magnet 24
Punkinhead 33
Messen 70
Michtom, Morris und Rose 9-10
MICHU 18
Millas Manufacturing Co. 14
Mutzli N. C. Z. 39

N

Nett, Gary und Margaret
»Father Christmas« 54
»Mr. Cinnamon« 77
Nisbet, House of 42-43
Bully Bear-Serie 42
Delicatessen 42
Jubiläums-Serie 43
Zodiac-Serie 42
Nishiyama, Terumi
»Sumo Bear Yokozuma« und »Kimono« 64
North American Bear Co. 41
Hug 41
Muffy 41
V.I.B.-Serie 41
Vanderbear 41

O

Österreichische Bären 39
Oppenheimer, S.,Ltd. 35

P

Peacock-Bären 22, 23
Pedigree 25, 33
Peers, Louise
»Fleur« und »Ice Crystal« 64
Perkins, Nicola
»Pearly King and Queen« 65
Petz Co. 37
Pintel, M., Fils and Cie. 29
Playsafe-Bären 32
Plummers and Wandless and Co. Ltd. 35
Port, Beverly 56

Q

Quinn, Sue
»Sugar Plum Bear« 62

R

Raikes, Robert, Originale 41
Raritäten 66-67
Rees, Leon, and Co. s. Chiltern-Bären
Reeves, Janet
»Miss Hildegard« 65
Reinigen von Teddybären 73-75
Reparaturen 76
Replicas und Sonderauflagen 40-53
Reum, Betsy
»Amelia Earheart« 60
»Old Time American Policeman« 67
»Puppeteer« 58
Riley, Kathryn
»Bearlin the White Wizard« 55
Roosevelt, Theodore 9
Ross Toy Works 17
Rössell Waugh, Carol-Lynn 56
»Jenny-Lynn« 56
Rouech-Bowden 14
Rowe, Teresa
»Mad Hatter« 63

S

Schuco (Schreyer und Co.) 12, 26, 36
Bellhop-Bär 26
Ja/Nein-Bär 20, 21, 26, 35
Piccolo-Serie 26
Purzelbaum schlagende Bären 26
Tricky 36
Schutt, Steve 57
»Emmett« 64
»Munchie« 70
Schweizer Bären 29, 39
Shaw, Denis 57
»Huxley« 64
»Ursus« 57
Sibol, Marcia
»Jenny« 64
»Lady Margaret« 64
»Softanlite«-Bären 17, 20
South Wales Toy Manufacturing Co. 17
Spezialgeschäfte 69
Steevans Musical Toys 17
Steiff, Margarete
Bärle-Serie 10-11
British Collection-Serie 40, 52, 69
»Christian Gabriel« 10
»Dicky« 27, 46
»Edelweiß« 7
Europäischer Sammler Club 53
frühe Bären 7, 10-11, 12, 18
»Happy« 21, 44
»Jackie« 37, 48
»King Arthur« 16
Knopf-im-Ohr-Markenzeichen 7, 11
limitierte Editionen 40, 44-53
»Margaret Strong« 44
Modell 5322 11
Nachkriegszeit 36, 37
PAB-Serie 11, 18, 18
Petsy-Serie 27, 50
»Richard Steiff« 46
»Teddy Clown« 27, 46
»Teddy Rose« 48
USA Collector's Club 53
Zirkusbären 27, 46
Zotty 7, 36, 37
die Jahre zwischen 1. und 2. Weltkrieg 20, 27
Steiff, Richard 9, 21
Stone, H. G. and Co. Ltd. s. Chiltern
Stuffed Toy Co.-Bären 12
Süssenguth, Gebrüder
Peter-Bär 20, 28

T

Tagungen 70
Tah Toys Ltd. 25
Takahashi, Michi
»Fairy Chuckles« 65
Teddy Toy Company 17, 20, 25
Softanlite 17, 20, 25
Terry, W. J. (Terryer Toys) 20
Thiennot 29
Tinka-Bell 35
Twyford-Bären 34

U

Uncle Remus Stuffed Toys 14

V

Verna 39
Versicherung 75
Very Important Bear (V.I.B.)-Serie 41

W

weich gestopfte Bären, Einführung von 10
W. T. Co. 35
Wallace, Kathy
»German Gold« 63
Walton, Michael und Judy
»Ebenezer« 58
Whiteson Company 14
Wholesale Toy Company 17
Wilson, Jack 42

Z

Zeitschriften 78
Zustand des Teddybären 68-69

DANKSAGUNG UND QUELLENNACHWEIS

Ein Buch wie dieses läßt sich unmöglich ohne Hilfe vieler freundlicher Menschen schreiben. Unser Dank gilt besonders:

Des und Monica Carpenter sowie ihrem Sohn Mark vom Cotswold Teddybär-Museum, deren großartige Ausstellung wir durcheinanderbringen durften, um all die wunderschönen Teddybären zu fotografieren. (Teddys auf den Seiten 7 links oben und Mitte unten, 15, 17 rechts unten, 20 rechts oben und links unten, 21, 22 links unten und rechts unten, 23 links oben, rechts oben und rechts unten, 24 links oben, rechts oben und links unten, 25 links unten, 26 rechts unten, 33 links unten und rechts unten, 34 links unten, 35 links oben und rechts oben, 66 rechts, 68 oben, 71, 72, 73 rechts, 74, 75 links, 76, 77 rechts.)

Sue Pearson, 13 Prince Albert Street, The Lanes, Brighton, East Sussex BN1 1HE, Großbritannien, die immer die schönsten alten Teddys im Angebot hat. Wir durften Sues Geschäft für einen Tag plündern und die kostbaren Teddys zum Fotografieren in ein nahegelegenes Studio mitnehmen. (Teddybären auf den Seiten 11 links, 12 Mitte, 13 rechts, 17 rechts oben, 18, 20 Mitte unten und rechts unten, 23 links unten, 26 rechts oben, 27 links unten und rechts unten, 30, 33 oben, 67 unten rechts, 68 unten.)

Romy Roeder, die uns freundlicherweise Fotografien ihrer australischen Teddybären zur Verfügung stellte. (Teddybären auf den Seiten 29, 37 rechts, 38, 39.)

Paul und Rosemary Volpp, die uns großzügigerweise einige ausgewählte Exemplare aus ihrer erlesenen Buck Hill Teddy Bear Sammlung zur Verfügung stellten. (Teddybären auf den Seiten 6 rechts, 7 rechts unten, 10, 11 rechts oben und rechts, 12 links und rechts, 13 links, 14, 16, 27 oben, 31.)

Allen Bärenkünstlern, die uns die Erlaubnis erteilten, dieses Buch mit herrlichen Beispielen ihrer phantasievollen Teddybärkreationen zu illustrieren. Leider war es nicht möglich, alle Teddys ins Buch aufzunehmen, die fotografiert wurden — dafür entschuldigen wir uns bei den Bären und ihren Besitzern. Dank auch den Künstlern, die uns ihre eigenen Teddybären liehen. Sie erscheinen auf folgenden Seiten: 54 rechts unten, 55 Mitte, 56 links oben, 61 rechts unten, 57 Mitte oben, 58 Mitte oben, rechts oben und rechts unten, 59 rechts oben und rechts unten, 60 links oben und rechts oben, 61 links oben und rechts oben, 62 links oben, rechts oben und rechts unten, 63 links oben und 64 links oben und 65 Mitte rechts und links unten, 70.

Die Teddybären auf Seite 53 links mit freundlicher Genehmigung der Margarete Steiff GmbH; Seite 67 links unten mit freundlicher Genehmigung von Anne Greaves und Seite 54 links oben aus einer Privatsammlung. Alle anderen Teddybären gehören den Autoren dieses Buches, sie stammen entweder aus deren Privatsammlung oder aus dem Geschäft in 7 Cambridge Street, Wellingborough, Northants, Großbritannien NN8 1DJ.

Ganz besonderen Dank für die uns entgegengebrachte Geduld an Quintet Publishing und die Fotografen Nick Bailey und Jeremy Thomas.

Und zum Schluß ein großes Dankeschön an unsere Tochter Jenny, der es gelang, unser Gekritzel zu ordnen und das Manuskript zu tippen.